영화평 어떻게 쓸 것인가

서울대학교 글쓰기교실 연구노트총서 04

영화평 어떻게 쓸 것인가

초판 1쇄 인쇄 2019년 9월 30일
초판 1쇄 발행 2019년 10월 4일

지은이 김지미
펴낸이 오세정
펴낸곳 서울대학교출판문화원

출판등록 제15-3호

주소 08826 서울 관악구 관악로 1
대표 전화 02-880-5252 | 팩스 02-889-0785
도서 주문 02-889-4424, 02-880-7995
이메일 snubook@snu.ac.kr
홈페이지 www.snupress.com

ISBN 978-89-521-2056-4 04800
978-89-521-2033-5 (세트)

서울대학교 글쓰기교실 연구노트총서 04

영화평
어떻게 쓸 것인가

김지미 지음

서울대학교출판문화원

머리말

"어떤 책을 읽어야 영화평을 잘 쓸 수 있나요?"

영화평에 대한 강의를 하고 나면 가장 많이 받게 되지만 가장 대답하기 곤란한 질문이다. 책 한 권을 읽는다고 갑자기 영화평을 잘 쓸 수 있을까? 이것은 마치 "영어를 잘하려면 무슨 책을 봐야 하나요?"나 "노래를 잘하려면 어떤 곡을 들어야 하나요?" 같은 질문과 비슷하다.

영어로 많이 말하고 듣고 읽고 써야 영어를 잘하게 되고, 노래를 많이 듣고 불러야 노래를 잘하게 되는 것처럼 영화평도 마찬가지다. 영화와 영화평을 많이 보고, 많이 읽고, 많이 생각하고, 많이 써 봐야 잘 쓰게 된다. 영화는 종합 예술일 뿐 아니라 그것이 제작된 국가·사회·경제·역사적 환경과 밀접한 연관을 맺고 있으므로 최대한 다방면에 걸쳐 지식을 쌓아 두면 도움이 된다. 하지만 필자는 알고 있다. 이런 원론적인 대답은 글을 쓰기 위해 책상 앞에 앉은 학생들을 더 깊은 절망에 빠뜨릴 뿐이라는 것을.

이 책은 '어떻게 하면 영화평을 잘 쓸 수 있을까'를 고민하는 학생들에게 좀 더 실질적인 답을 주기 위해 기획되었다. 물론 이 책 하나만 읽는다고 해서 바로 완벽한 영화평을 쓸 수 있는 것은 아니다. 하지만 무엇을 어떻게 써야 하는지, 즉 영화평을 쓰기 위해 꼭 필요한 과정과 영화 내외부적으로 주목해서 보아야 할 요소들이 무엇인지는 명확하게 알 수 있을 것이다. 한마디로 이 책은 영화평 작성의 실제적인 절차와 핵심적인 지식을 정리해 놓은 매뉴얼이다. 자신이 써야 할 글의 종류와 목적을 알고, 영화를 보고 분석하기 위해서는 어떤 준비를 해야 하며, 실제 영화 분석을 위해 접근할 수 있는 방법들에는 무엇이 있는지 제시할 것이다.

이 책은 일종의 설계도다. 좋은 영화평을 단번에 완성해 주는 정답은 없지만, 이를 위해 기본적으로 갖춰야 할 요건들은 있다. 이 책은 그 요건을 갖춘 글을 쓰는 데 도움을 줄 것이며, 글의 뼈대를 튼튼하게 해 줄 것이다. 여기에 살을 붙여 나가는 것은 읽는 이의 몫이다. 아름다움의 기준이 사람에 따라 다르듯, 같은 영화를 보고 쓴 영화평도 쓰는 이에 따라 얼마든지 다를 수 있다. 빈약한 몸매를 앙상하게 드러낼 수도, 탄탄하고 매력적인 몸매로 어필할 수도, 다소 불균형하지만 마니아적 취향을 가진 몸매로 탄생할 수도 있다.

책을 읽은 당신의 글이 부디 건강한 뼈대를 갖추고 자기만의 독특한 아름다움을 찾아 나가길 빈다. 무엇보다도 그

동안 영화가 당신에게 주었던 즐거움을, 이제 당신이 글을 통해 영화에게 보답할 수 있게 되길 기대해 본다.

2019년 9월

김지미

차례

머리말 4

01 영화 비평은 왜 하는가? 9

02 우리는 영화를 배우지 않았다 23

03 영화평은 일종의 대화다 39

1. 누구와 어떤 이야기를 나누려고 하는가? 41
2. 영화 관련 글의 종류 45

04 영화 분석을 위해 무엇을 준비해야 하는가? 79

1. 영화를 보라 81
2. 메모를 하라 83
3. 대상 영화에 대한 지식을 쌓으라 86
4. 논점을 세우고 타당성을 검증하라 92

05 영화에서 무엇을 읽을 것인가? 97

1. 주제 99
2. 내러티브 102
3. 인물 109
4. 시점 116

06 영화에서 무엇을 볼 것인가? 125

1. 숏의 사이즈 127
2. 카메라의 움직임 140
3. 미장센 145

07 영화에서 무엇을 들을 것인가? 151

08 영화 밖에서 무엇을 참고할 것인가? 161

1. 감독 163
2. 작품의 배경 166
3. 수용자 반응 170

09 영화평, 이렇게 쓸 수 있다 175

맺음말 189

01

영화 비평은 왜 하는가?

매체 환경의 변화로 영화를 보거나 영화에 관한 정보를 얻는 일은 이제 아주 쉬운 일이 되었다. 영화를 보기 위해 반드시 영화관에 간다거나, 영화 관련 정보를 얻기 위해 잡지를 사는 일, 한국에서 개봉하지 않은 영화 정보를 구하기 위해 외국에 있는 누군가에게 부탁하는 일은 이제 아주 옛날 이야기처럼 느껴진다.

지금은 몇 번의 클릭과 손쉬운 결제 과정을 통해 영화 파일을 다운로드받을 수 있는 것은 물론, 굳이 소장할 필요도 없이 스트리밍 서비스를 통해 영화를 감상할 수 있다. 그렇게 손에 넣은 자료들을 태블릿이나 PC로 감상할 수 있으며, 만원 지하철이나 버스 안에서도 스마트폰으로 관람할 수 있게 되었다. 홈 시어터를 통해 극장 못지않은 사운드와 화면 사이즈로 볼 수도 있다. 영화에 관한 정보들도 언어적인 요건이 허락한다면 전 세계 모든 매체를 섭렵하여 얻어 낼 수 있다. 이러한 변화는 불과 몇 년 사이에 영화 생태계의 구조를 완전히 바꾸어 놓았다.

영화를 소비하는 방법뿐 아니라 영화를 본 뒤 그에 대한 감상이나 평가를 공유하는 방식 역시 과거와 상당히 달라졌다. 과거에는 영화를 본 이들과 함께 대화를 나누거나, 전문가가 신문이나 잡지에 기고한 영화평을 읽는 것으로 만족하는 소극적 수용 방식에 한정되었다. 그러나 이제는 인터넷상의 다양한 매체를 통해 개인의 의견을 개진하고 이를 불특정 다수와 함께 공유할 수 있게 되었다.

긴 글을 작성하지 않더라도 영화 자체 정보에 짤막하게 댓글을 달며 교감하거나 관객 별점을 매김으로써 영화에 대한 수치적 평가에 참여할 수 있다. 매체에 의뢰한 이들만 글을 써서 배포할 수 있었던 예전과 달리 이제는 누구든 글을 써서 배포할 수 있고, 언제든 그 글에 동의하거나 반론을 제기할 수 있다. 전문가의 영역이라고 생각되었던 영화 비평이 이제 누구나 접근하고 참여할 수 있는 영역이 된 것이다.

물론 매체나 필자의 전문성에서 비롯된 권위가 완전히 사라진 것은 아니다. 하지만 그것이 평가의 절대적 지표라고 생각되는 것도 아니다. 오히려 평론가들의 권위적 식견이 대중적 취향과 괴리되면서 평론가들의 평점에 대한 반감이나 불신이 적극적으로 표출되기도 한다.

2007년 심형래 감독의 〈디 워〉를 둘러싸고 벌어진 논쟁은 전문 평론가와 비평의 미학적 잣대에 대한 대중적 반감이 표출된 사건이라고 볼 수 있다.[1] 대부분의 평론가들은

〈디 워〉의 미학적 완성도에 회의적인 반응을 보였다. 특히 엔딩 크레디트에서 본편의 서사와 전혀 상관없는 애국가를 배경음악으로 사용함으로써 한국 관객들의 애국주의에 호소하고, 민족주의적 감수성을 자극하는 점을 강하게 비판했다. 그러나 대중은 그 영화가 이뤄 낸 기술적 성취와 심형래라는 인물이 보여 준 투지[2]에 공감하며 오히려 큰 호응을 보였다. 그러면서 대중의 취향과 언제나 대립각을 세워 왔던 비평가들의 태도와 평가의 신빙성에 의문을 제기하고, 평론가들의 고답적인 태도를 비판했다.

---

1 본래 지면에서 시작된 〈디 워〉에 대한 혹평은 인터넷상에서 네티즌들의 반발과 공분을 샀다. 이후 이 문제와 관련하여 MBC '100분 토론'에서는 〈디 워, 과연 한국 영화의 희망인가〉(2007.8.9.) 편을 기획해서 방영했다. 해당 편은 시사 프로그램임에도 불구하고 시청자들에게 상당히 높은 호응을 얻었다.

2 심형래는 코미디언으로 출발해서 1980년대에는 극장용 아동 영화에 출연했으며, 1993년 〈영구와 공룡 쭈쭈〉 연출을 시작으로 한국 영화계에서 척박한 SF · 아동 장르에 매진했다. 초창기 그의 작품들은 조악한 수준의 특수 효과를 코믹한 스토리 라인에 얹어 가는 방식을 취했으나, 〈디 워〉에 이르러 상당한 수준의 제작 규모와 컴퓨터 그래픽을 선보이게 되었다. 특히 완성도 높은 투자용 트레일러가 공개된 이후 작품에 대한 국민적 관심이 고조되었다. 그러나 완성된 작품이 개봉되자 평자들은 배우들의 일천한 연기력, 혼란스러운 스토리라인으로 인한 서사적 파탄 등을 이유로 전반적인 연출력의 한계를 지적했다. 트레일러에서 보여 준 기술력 역시 본편에서는 미흡하게 나타난 것도 문제로 지적되었다.

이 작품을 둘러싼 대중들의 호응과 비평가들에 대한 날선 비판은 어쩌면 〈디 워〉라는 영화 자체를 향한 것이라기보다, '영화평'이라는 분야를 전유하고 있던 전문가 집단에 대한 불신에서 비롯된 것이라고 볼 수 있다. 특히 누구든지 영화평을 생산하고 공유할 수 있게 된 매체 환경에서 여전히 작품의 미학적 평가에 대한 전권을 지닌 듯 군림하는 태도에 대한 반감이 작용한 것이었다. 이 사건은 오늘날 영화 비평이 서 있는 자리를 적나라하게 드러내 주었다.[3]

이제 누구든 글을 쓰고, 배포할 수 있다. 하지만 누구든 글을 쓸 수 있다는 사실이 누구나 좋은 글을 쓴다는 의미는 아니다. 인터넷에 있는 영화 관련 글 가운데 상당수가 누군가의 글을 부분적으로 인용하거나, 줄거리와 스틸 사진들을 배치하고 감상적인 멘트들을 적당히 뒤섞어 놓는 데 그치고 있다. 이런 리뷰들 가운데는 실제로 영화 홍보사에서 생산에 적극적으로 개입한 것도 있다.

필자는 영화 〈연가시〉에 관한 네티즌 리뷰 중에 〈기생

3 이러한 현상은 비단 한국에 국한된 것이 아니다. 심지어 미국에서는 이를 표제로 내세운 영화 관련 서적이 출간되기도 했다. Ardis Sillick과 Michael McComick이 공동 집필한 *The Critics Were Wrong*(Citadel Pr, 1996)에서는 나중에 흥행에 성공하거나 영화사적으로 인정받은 작품에 대한 발표 당시 평론가들의 악평을 모아서 평론가들이 얼마나 자의식에 찬 오류 덩어리인지를 조롱하고 있다.

충학자가 본 연가시〉[4]라는 글을 읽은 적이 있다. 영화의 구조나 의미를 분석적으로 다루지는 않았지만 영화를 보고 나서 들 만한 의문에 대해 기생충학자로서 지식을 제공하며 설명하는 글이었다. 그 글의 필자로 추정되는 서민(기생충학자) 특유의 위트 넘치는 문장과 논지 전개가 웃음을 유발하기도 했다. 하지만 이 리뷰 역시 한 편의 완성된 영화평이라고 보기는 어렵다. 호응을 받았다고 해서 혹은 공감 지수가 높다고 해서 그 글이 의미 있는 분석을 하고 있다고 볼 수 없기 때문이다. 물론 네티즌 리뷰 글 가운데 전문가 못지않게 심도 있는 분석을 시도한 글도 분명히 있다.

그렇다면 좋은 영화평이란 무엇일까? 20세기 초반 헝가리의 영화 평론가이자 작가였던 벨라 발라즈(Béla Balázs)는 다른 예술 장르는 예술가 혼자 시대를 앞서가는 예술을 창작하는 것이 가능하지만, '영화의 경우에는 동시대인들의 적절한 이해가 결여되면 예술가가 아니라 예술 자체가 죽어 버려서 숨통을 막을 것'이라고 말한 바 있다. 영화의 성장 아니 존속을 위한 비평의 역할은 무엇일까?

---

4 작성자가 아이디로만 표기되어 있지만 글의 안에 담겨 있는 여러 가지 단서들로 인해 서민의 글로 추정할 수 있다. : 〈기생충학자가 본 연가시〉, 2012.6.30.(http://movie.naver.com/movie/board/review/read.nhn?nid=2674166)

> 영화 예술의 영역에서는 영화가 있기 전에 먼저 대중이 있어야 하고, 영화의 제작은 사전에 그 영화를 알아준다는 보장이 있어야 영화 제작자가 믿고 일을 할 수 있는 것이다. **필요한 것은 이미 나와 있는 것을 즐기는 수동적인 감상이 아니라 영감을 주고, 용기를 주며, 창조적으로 이해하는 일이다.** 기존의 예술로부터 결론을 끌어내는 것이 아니라 이론적인 예측의 바탕 위에 그러한 예술 작품을 요구하고 기대하는 일종의 미학과 이론적 이해가 필요하다. 책임 있는 대중과 신중한 미학이 요구되는 것이다.[5]

벨라 발라즈가 이 글을 쓸 때만 해도 영화가 예술로서 하나의 영역을 확보할 가능성은 미지수였다. 단순한 오락적 볼거리에서 출발한 영화는 예술의 한 장르로 인정받지 못했고, 미학적 분석의 대상이 되기에도 어려워 보였다. 초창기 영화가 가진 예술적 가치에 대해 무궁무진한 가능성을 점치는 이들도 많았다. 하지만 천박하고 자극적인 이미지 전시 방식과, 역사가 오래된 문학이나 연극에 비해 상대적으로 거친 서사 전개로 인해 예술적 성취에 대해서는 회의적인 시각이 지배적이었다. 이 글은 그러한 시대에 쓰인 것이다.

5 벨라 발라즈, 『영화의 이론』, 이형식 역, 동문선, 2003, 20쪽. 강조는 인용자.

지금 이 글을 읽는 독자에게 이런 생각은 다소 시대착오적인 노파심으로 다가올 것이다. 현재 영화는 예술 장르 가운데 대중적으로나 미학적으로 가장 각광받고 있는 장르기 때문이다. 영화 감독이 예술가로서 대우받는 것이 어색하지 않고, 유수 영화제에서 수상한 작품에는 자연스럽게 '예술' 영화라는 호칭이 붙는다. 뿐만 아니라 예술적인 장르로서 학제 안에 편입되어 영화 전문 학과가 설치되어 있으며, 영화와 무관해 보이는 학과에서조차 '영상/미디어/스토리텔링/디지털' 등의 명칭을 활용해 영화 연계 수업을 앞다투어 개설하고 있다. 영화에 대한 교육은 물론이고 영화를 통한 교육의 가치 또한 긍정적으로 인식되고 있다고 할 수 있다.

정부 관련 부처는 상업적인 투자에 취약한 저예산 독립 영화들의 생산을 독려하기 위해 '다양성 영화'라는 명칭으로 분류하여 제작 및 배급 지원 사업을 하고 있다. 흔히 예술 영화라고 불리는 영화들이 이와 같은 제도적 지원의 대상이 된다. 부산국제영화제, 부천판타스틱영화제, 전주영화제 등이 성공하면서 지방 자치 단체들 사이에서 영화제를 개최하는 것이 유행처럼 번지기도 했다. 흥행 영화의 촬영 장소로 채택될 경우 지역 이미지 상승에 큰 힘을 얻기 때문에, 지방 자치 단체 차원에서 촬영에 협조하거나 제작비를 지원하기도 한다.

예를 들어, 〈어벤져스 2: 에이지 오브 울트론〉(2015)은 촬영지 중 하나로 서울을 택했고, 이에 서울시는 교통 통제와 같은 물리적인 협조뿐 아니라 제작비 환급과 같은 경제적인 지원까지 아끼지 않았다. 이는 영화진흥위원회와 문화관광부, 한국관광공사 등 관계 기관들이 주목한 '〈어벤져스 2〉의 촬영으로 인한 파급 효과'에 대한 기대 때문이었다. 특히 "4천억 원에 달하는 홍보 효과, 2조 원의 국가 브랜드 가치 상승으로 이어질 것"이라는 한국관광공사의 전망에 큰 힘을 받았다.[6]

이처럼 오늘날 영화는 예술·학문·문화 그리고 경제적 가치에 있어 확고부동한 영향력과 지위를 차지하게 되었다. 그러나 거의 100년이 된 벨라 발라즈의 고민은 여전히 유효하다. 영화에 대한 연구는 대중을 성숙시키고 훌륭한 영화를 소화하는 식견 있는 감상자를 양산하는 토대가 되어야 하며, 그것이 바로 영화 비평이 궁극적으로 도달해야 할 지점이라는 사실은 시대를 초월해 변치 않는 진리기 때문이다.

대학 과정에서 영화에 관한 글을 쓰는 것은 바로 영화의 예술적 가치를 포착하고, 자신의 지적 수준에 맞추어 분석적인 글을 생산하기 위한 것이라고 할 수 있다. 그러므로

6 김현록, 「韓 〈어벤져스 2〉 2조 원 경제 효과 진실은? ②」, 『스타뉴스』, 2014.3.26.(http://star.mt.co.kr/stview.php?no=2014032608091066416&outlink=1&ref=http%3A%2F%2Fsearch.naver.com)

단순히 영화를 감상적으로 즐기거나 재미의 차원에서만 접근하는 것이 아니라, 영화에 대한 기본적인 이해와 분석을 위한 이론적인 잣대를 갖출 필요가 있다. 영화평이란 한 영화나 영화적 흐름에 대해 영화사적·사회사적 맥락을 밝히고, 그 의미를 정당하게 평가해서 앞으로 더 좋은 작품이 나올 수 있는 수용 환경을 만들어 주는 글이기 때문이다.

영화 제작과 배급 환경은 자본에 민감하기 때문에 작품의 흥행 성적 역시 자본의 힘에 좌우되는 경우가 많다. 멀티플렉스 등장 이후 절대적인 스크린 수는 증가했지만 관객이 누릴 수 있는 선택의 폭은 그만큼 증가하지 못했다. 제작사, 유통사 그리고 극장 체인까지 대기업의 계열사로 이루어진 현재의 영화 시장의 독과점 구조는 관객의 선택이 대자본 상업 영화에 제한될 수밖에 없도록 만들고 있다. 이와 같은 기형적인 생산·유통·배급의 구조를 바꿀 수 있는 힘을 가진 이는 관객이다. 높은 안목을 가진 관객층이 늘어나고, 다양한 취향을 담은 영화를 선택하고 옹호하는 분위기가 만들어진다면 자본의 통제에 종속되지 않은 작품들을 만나게 될 확률이 높아진다.

1950년 말 프랑스의 '누벨바그(nouvelle vague)' 영화 운동은 그에 대한 살아 있는 증거다. 지나치게 상투적이고 고전적인 화법에 갇힌 고전 영화들에 반기를 든 젊은 영화인들이 잡지 『카이에 뒤 시네마(Cahiers du Cinéma)』를 창간해 새로운 영화 이론을 세우고, 나중에는 스스로 영화를 만들어 감독이 되었다. 지금은 '예술 영화'의 다른 이름처럼 쓰이는 장 뤽 고다르(Jean-Luc Godard), 프랑수아 트뤼포(François Truffaut), 에릭 로메르(Éric Rohmer) 등이 그들이다. 이러한 영화 운동이 가능했던 것은 단편 영화 제작에 대한 국가적 지원이라는 현실적인 배경이 있었다. 그러나 그런 제도적 지원 외에도 '시네마테크' 운동, 영화 잡지 창간 등을 통해 '새로운 영화'에 대한 담론적 기반이 마련되었다. 여기에 '시네필'이라 불리는 젊은 영화광들의 지지를 통해 문화적 깊이가 심화되고 방향이 다각화됨으로써 실체적인 효과가 발휘되었다.

'누벨바그'는 이제 특정 국가와 시기의 영화 운동을 지칭하는 것을 넘어 기존 상업 영화의 상투성에 반기를 드는 새로운 영화 운동에 대한 일반 명사로 사용되고 있다. 1960년대 일본 '쇼치쿠' 영화사에서 제작된 파격적인 기법의 영화들을 일컫는 '쇼치쿠 누벨바그', 1980년대 한국의 젊은 청년 감독들을 중심으로 신파적인 화법으로부터 탈피하여 사회적 소재를 파격적인 화법을 다루고자 했던 '코리안 뉴웨이브',[7] 비슷한 시기 극사실주의적 인식을 기반으로 양식화된 대만이 아니라 살아 있는 대만의 모습을 담으려고 했던 '타이완 뉴웨이브' 등 세계 각국의 영화사에 새로운 국면을 도래하게 만드는 영화 운동을 지칭하는 용어가 되었다.

이런 영화사적 사실은 영화의 예술적·사회적 가치 창출

을 위한 비평의 역할과 관객의 자각적인 참여의 중요성을 일깨워 준다. 시공간적으로 멀리 갈 필요도 없다. 불과 몇 년 전 〈개를 훔치는 완벽한 방법〉(2014)을 둘러싸고 벌어진 재개봉 운동[8]을 보자. 이는 영화가 영세한 배급 때문에 적당한 상영 공간을 찾지 못한 것을 안타까워한 관객들의 자발적인 움직임이었다. 사실 지금의 매체 현실에서 영화가 극장을 찾지 못했을 경우에 관객이 그 영화를 볼 수 있는 가능성이 아예 닫히는 것은 아니다. 하지만 극장 상영을 목적으로 만들어진 영화는 그에 부합하는 감상 조건에서 상영될 때, 즉 극장 스크린을 통해 상영될 때 가장 정확하게 그 본래의 미학적 특질을 전달할 수 있다. 따라서 극장 상영은 여전히 중요하다.

근래에는 여러 가지 이유로 기업 투자를 받을 수 없는 영화들이 '스토리 펀딩'이란 형식으로 소액 투자를 받아 제작

7 누벨바그는 새로운 물결이라는 뜻으로, 영어로는 '뉴웨이브(New Wave)'라고 표기된다. 두 용어는 쓰는 이에 따라 자유롭게 혼용된다. 여기서는 영화사를 기술할 때 빈번하게 사용되는 용어를 선택했다.

8 2014년 말 개봉한 〈개를 훔치는 방법〉은 대기업 중심의 배급 상영 독과점 구조에 반기를 든 영화인들이 설립한 독립 배급사 리틀빅픽쳐스가 배급하면서 상영관 확보에 어려움을 겪었다. 그러나 관객들의 상영관 확대 요구로 '개봉 40여 일 만에 9개의 스크린에서 44개의 상영관'으로 확대 개봉되었다. : 「영화 '개를 훔치는 완벽한 방법' 상영관 확보 재개봉」, 『경향신문』, 2015.2.10.(http://news.khan.co.kr/kh_news/khan_art_view.html?art_id=201502102119175)

되기도 한다. 이는 영화 개봉 이후 티켓 배부 등을 통해 투자금을 회수할 수 있도록 하는 방식이다. 위안부 문제를 다룬 〈귀향〉(2015)은 소규모 펀딩의 투자로 제작되어 화제를 모았으며, 남파 간첩 조작 사건을 다룬 다큐멘터리 〈자백〉(2016)은 제작 이후 상영관 배급 비용을 마련하기 위해 관객들에게 펀딩을 받기도 했다.

벨라 발라즈가 말했던 '영감을 주고, 용기를 주며, 창조적으로 이해하는 일'은 이제 단순히 만들어진 영화를 두고 벌어지는 사후적인 감상 태도나 평가의 수준에서 벗어나 제작 환경의 실질적인 토대를 마련하는 데까지 이르게 된 것이다. 영화평을 쓴다는 것도 단순히 완성된 영화에 대한 평가라는 수동적인 의미에 머무르기보다, 더 만들어져야 할 영화들의 방향을 만들어 가는 적극적인 행위로 받아들여질 필요가 있다.

이를 위해서 수용자는 영화 비평이 몇몇 전문가들의 특권적인 영역이 아니라 영화를 보는 누구든 참여할 수 있는 분야임을 인지하고 다가서야 한다. 더 나아가 영화라는 특정 예술에만 관여하는 행위가 아니라 그 영화가 만들어진 실질적 토대, 즉 우리가 살고 있는 사회를 살펴보고, 분석하고, 그 방향성에 대해 사유하는 일임을 깨달아야 한다.

02

우리는 영화를 배우지 않았다

“지난 방학에 자발적으로
한 권 이상 책을 읽은 학생이 있습니까?”

새 학기가 시작되면 영화 관련 교양 수업마다 학생들에게 하는 질문이다. 대다수의 학생들은 쑥스러운 미소를 지으며 학우들을 둘러볼 뿐이다. 극소수의 학생들이 수줍게 손을 든다. 겸손이 미덕인 우리 사회의 문화적 특수성 때문에 독서량을 밝히는 게 너무 제 자랑 같아 손을 못 드는 학생들이 있을까봐 “책 읽은 것이 부끄러운 일이 아니지 않느냐”며 독려해 본다. 그러나 웃음소리만 들릴 뿐 올라간 손의 숫자는 늘지 않는다. 다시 질문을 던진다.

“그렇다면 지난 방학 동안 극장, TV, 컴퓨터, 스마트폰 등 매체를 불문하고 자발적으로 영화를 세 편 이상 본 학생은 있습니까?” (책 한 권에 비해 영화는 무려 세 편이다.)

뭐 이런 당연한 걸 묻느냐는 듯 대다수의 학생들이 겸연쩍게 웃으며 손을 든다. 친구들과 본 영화를 상기하느라 활기찬 대화가 오고가기도 한다. 세 번째 질문을 던진다.

“이 중에 고등학교까지의 교과과정 중에서
영화 분석 수업을 한 번이라도 들어 본 학생이 있습니까?”

교실 안은 다시 침묵에 빠진다.

이 세 가지의 질문과 그에 대한 대답은 문화적 콘텐츠, 특히 문학과 영상 소비에서의 양적 편향과 질적 격차를 확연하게 보여 준다. 우리가 고등학교를 졸업할 때까지 받아 온 교육은 대부분 ‘문자 해독력(literacy)’에 집중되어 있었다. 문자로 기록된 지식을 이해하는 데 초점을 맞추고, 다시 문자를 통해 학습자가 그 내용을 정확하게 이해했는지 확인함으로써 평가가 이루어졌다.

질의응답에서 볼 수 있는 것처럼 우리가 일상적으로 접하고 자발적으로 소비하는 매체는 시청각적인 기호로 이루어진 영상물이다. 하지만 전공자를 제외하면 그것을 이해하고 분석하는 방법에 대해 체계적으로 교육받은 경우는 거의 없다. 오히려 그런 것들 — 영화, TV 드라마, 예능, 게임 — 은 ‘교육’의 정반대 카테고리에 속하는 것으로 ‘세뇌당했다’. ‘세뇌’라는 말이 과하게 느껴진다면 어린 시절 우리가 책을 읽고 있을 때와 달리 영화관에 가거나 TV를 볼 때 받았던 질책 어린 시선을 상기해 보면 된다. 책을 읽는 아이를 자랑스러워하는 부모와, 영화나 드라마 혹은 예능에 빠진 아이를 걱정하는 부모의 모습은 우리에게 얼마나 익숙한가?

우리는 책과 영화를 모두 '본다'. 하지만 주체가 '봄'을 통해 의미를 획득하는 과정은 차이가 있다. 그리고 이 두 '보는' 행위에 대한 가치 평가의 격차는 매우 심하다. 조지 블루스톤(George Bluestone)은 영화와 소설이 '본다'라는 행위에 공통 기반을 두고 있음에도 불구하고 문화 체계 안에서 영화와 문학 간의 현격한 위상 차가 있다고 언급한 바 있다. 그 원인으로 그는 해독 과정의 인지적 차이와 두 매체의 기원에 관한 뿌리 깊은 편견을 지적했다.[1]

우리는 문자 언어로 된 문학 작품을 볼 때 상징화된 기호를 통해 구체적인 시청각적 이미지들을 연상함으로써 이해한다. 반대로 영화를 볼 때는 즉물적으로 제시된 시청각적 이미지들을 상징화된 언어로 재배열하여 이해한다. 문제는 전자의 행위가 대체로 수용자의 적극적인 인지 작용을 통해 진행되는 데 반해, 후자의 행위는 수용자의 행위와 상관없이 진행될 수 있다는 데 있다. 다시 말하면, 독서는 독자가

1 George Bluestone, *Novels into Fiction*, Berkeley & LA: U of C Press, 1957, p. 2.

자신이 읽고 있는 문장의 의미를 이해하고 (때로는 오해하지만 적어도 스스로는 이해했다고 믿고) 책장을 넘겨야만 진행되지만, 영화는 수용자의 의지와 상관없이 (다른 생각에 빠져있거나 심지어 숙면을 취했다고 하더라도) 관람이 끝나 버릴 수 있다. 바로 이런 이유로 독서를 적극적인 지적 행위로, 영화 감상을 여가 시간을 위한 오락 행위로 간주해 버리는 안타까운 관습이 생겨난 것이다.

두 장르에 대한 대접이 달라진 이유를 그들의 기원에서도 찾을 수 있다. 문학의 기원은 무엇인가? 인류 최초의 문학 작품은 무엇인가? 우리는 알 수 없다. 우리가 알 수 있는 것들은 기록으로 남아 있는 것들뿐이다. 아마도 최초의 문학 작품은 문자 언어로 기록되지 않고, 구술을 통해 전해졌을 것이다. 그러므로 그 원형을 완벽하게 규명하는 것은 불가능하다. 기원을 모르는 것에 대해 우리는 경외감을 느낀다. 아무리 현대 문학이 현실과 동떨어진 인기 없는 예술이라고 자기 비하를 해도, 문학은 근원적인 신비감을 가지고 있다. 하지만 영화는 그렇지 않다.

"영화는 우리가 생일을 아는 유일한 예술"이다. 지금이라도 궁금하면 검색 엔진을 열고 '영화의 기원'이라고 입력해 보라. 연도는 물론 날짜까지 제시된다. 1895년 12월 28일, 뤼미에르 형제(Auguste & Louis Lumière)가 파리의 그랑카페에서 시네마토그래프로 촬영한 필름을 영사한 날이다. 그날이 영화의 '생일'이 되었다.[2] 1995년에는 영화 탄생 100주년을 기리는 다양한 행사들이 기획되기도 했다. 기원을 아는 대상은 신비감을 유지하기 어렵다. 예수도 고향에서는 대접을 못 받는다고 하지 않는가. 게다가 영화의 탄생지는 예수의 탄생지인 마구간만큼이나 누추하다. 영화는 춤과 노래, 묘기와 마술, 동물 쇼를 하던 술집 무대나 야시장이나 카니발에 차려진 천막에서 그 커리어를 시작했다. 임화의 말대로 '그저 진기한 구경거리'에 지나지 않았다.[3] 식민지 조선에서 영화는 담배 회사의 프로모션을 위한 '삐끼 상품'이기도 했다.[4]

2 데이비드 파킨슨, 『영화를 뒤바꾼 아이디어 100』, 이시은 역, 시드포스트, 2015, 23쪽. 이 책은 영화의 역사를 비롯해 영화에서 중요했던 인식·기술·사조적 변화를 폭넓게 다루고 있다. 영화 전반에 대한 역사적 지식을 습득하고, 중요한 개념을 집약적으로 익히는 데 상당히 유용한 책이다.

3 식민지 시기 문학 및 전방위적 문화 비평가였던 임화는 "서구의 문학이나 음악, 미술, 연극 등은 결코 단순히 진기한 외래 문화"가 아닌 "분명 존경할 문화와 경탄의 값어치가 있는 예술"이었던 반면, "활동사진은 존경할 문화이기보다는 진기한 발견에 지나지 아니했"다고 평가하며 도입 초기의 영화가 예술적 가치와 문화적 요건을 가지지 못했음을 지적한다. : 임화, 「조선영화론」, 『춘추』, 1941.11. ; 정재형 편, 『한국 초창기의 영화이론』, 집문당, 1997, 109쪽에서 재인용.

4 김종원은 한국에 활동사진 도입 시기를 1897년 10월 19일로 추정하면서 애스터 하우스라는 영국인이 당시 조선인들에게는 낯설었던 권련형 담배 판촉을 위해 활동사진을 보여 주며 홍보했던 기사를 근거로 들었다. : 김종원·정중헌, 『우리영화 100년』, 현암사, 2001, 25쪽.

이후 백여 년의 세월이 흐르고 영화는 시장판에서 스스로를 구원하며 다른 어떤 예술 장르보다 독보적으로 많은 상영 공간을 확보한 장르가 되었다. 영화 언어도 눈부시게 발전하여 이제 관객과 두뇌 싸움을 벌이는 경지에 이르렀다. 하지만 '상업성'과 '상투성'이라는 초창기 오명이 완벽하게 벗겨지지는 않았다. 그리고 그것은 영화가 떨쳐 버릴 수 없는 숙명이기도 하다.

현재도 대다수의 영화들은 '대중과의 소통'이라는 멋진 명목으로 상업적인 이윤을 추구한다(예술 영화라고 분류되는 저예산 영화 감독들 중 그 누구도 자발적으로 저조한 흥행을 원하지 않는다). 이를 위해 '장르'라고 불리는 도식화된 서사 구조와 화법이 빈번하게 차용된다. 장르는 상투성과 창조성이 전투를 벌이는 곳이다. 하지만 그런 만큼 영화는 당대 대중들의 무의식과 가장 효과적으로 접속하고, 서사 문법이 확장되는 한계치를 가늠해 보기 가장 좋은 예술이다.

영화는 예술의 영역에서 가장 대중적이며, 실험적이고, 타 예술 장르와 가장 많이 교섭하여 그 경계를 확장해 나가는 장르다. 알랭 바디우(Alain Badiou)는 영화의 그런 특징에 대해 다음과 같이 말했다.

> 영화는 아주 특별한 의미에서 일곱 번째 예술이다. 영화는 다른 여섯 개의 예술과 같은 차원에서 이들에 더해지는 것

> 이 아니라, 이들을 자기 안에 끌어넣는 것이며, 다른 여섯 예술의 덤(plus-un)이다. 영화가 작동하는 것은 이들 위에서, 이들로부터 출발하여, 이들을 자기 자신으로부터 벗어나게 하는 운동을 통해서다.[5]

영화는 서사와 그것을 효과적으로 전달하는 시청각적 구성물을 만들기 위해 다양한 예술 장르를 참고하고, 자기 안으로 끌어들인다. 하지만 영화가 그것을 차용한 그 순간부터 그것이 본래 가지고 있었던 의미와 형식은 보존되지 않는다.

예를 들면, 얀 베르메르(Johannes Vermeer)의 그림 〈진주 귀걸이를 한 소녀〉를 모티브로 만든 피터 웨버(Peter Webber)의 동명 영화는 그 그림이 본래 제공하지 않았던 콘텍스트를 만들어 내고, 회화 속에 갇혀 있던 소녀를 움직이는 여성(스칼렛 요한슨)의 육체를 통해 표현해 냈다. 거의 백 년 전 버지니아 울프(Virginia Woolf)가 "다른 모든 예술 장르들이 발가벗은 채로 태어나는 것에 반해 이상하게도, 가장 젊은 예술인 영화는 옷을 다 입은 채 태어났다"[6]라고 말한 것도 비슷한

---

5 알랭 바디우, 『비미학』, 장태순 역, 이학사, 2010, 147쪽.

6 Virginia Woolf, "The Cinema", *The Arts*, 1926.6(http://www.woolf-online.com/?node=content/contextual/transcriptions&project=1&parent=45&taxa=46&content=6569&pos=81)

맥락에서 이해할 수 있다.

영화는 우리가 가장 흔하게 접할 수 있는 매체 중 하나지만, 동시에 가장 복잡한 매체기도 하다. 그런 의미에서 "영화란 관객이 주목하기만 하면 어떤 인식(실존)적 시각을 적나라하게 드러내는 방식"[7]이라는 서정남의 지적은 영화 읽기를 위해 자각해야 할 여러 전제를 살펴보는 데 도움이 된다.

일단 '관객이 주목하기만 하면'이라는 말은 영화를 읽기 위한 기본 태도를 상기시킨다. 소설을 기반으로 한 영화를 보고 원작과 비교하는 수업을 할 때마다 학생들은 전공 불문하고 (심지어 영화 전공인 학생들조차) 문학에 후한 점수를 주었다. 원작이 가지고 있던 '어떤 심오함'을 영화가 잘 표현하지 못했다거나, 표현을 했더라도 너무 천박하거나, 의도를 곡해했다는 것이 이유였다. 그럴 때마다 필자는 영화의 해당 장면들을 다시 보여 주며 그 장면에 담긴 메시지를 어떻게 읽었는지 물어보았다. 그러면 많은 학생들이 메시지를 담은 이미지를 보지 못했거나, 보고도 의미가 있다고 생각하지 않았거나, 연출의 의도라기보다 제작 환경이 낳은 우연적 결과로 여기는 것을 알 수 있었다.

박범신의 소설 『은교』와 정지우의 영화 〈은교〉를 비교

---

7 서정남, 『영화서사학』, 생각의나무, 2004, 32쪽.

할 때, 소설 속 노인의 '사랑'이 영화에서는 '노욕'처럼 느껴졌다면 그것은 영화의 한계일까? 아니면 소설이 보여 준 욕망에 대한 감독의 해석일까? 영화는 소설을 기반으로 하지만 그에 대한 정답지를 만드는 것이 아님에도 그 '다름'은 종종 '틀림'으로 오독된다. 그래도 오독은 영화의 영상 이미지들에 '주목'했다는 점에서 영화를 읽겠다는 의지의 발현으로 볼 수 있다. 더 안타까운 경우는 영화 속의 무수한 이미지들을 그냥 현실 세계의 일부인 양 무심히 흘려보내는 때다.

왜 그럴까? 그것은 우리가 영화를 읽는 법을 배우지 않았기 때문이다. 소설 속에서 비교적 쉽게 의미를 찾아낼 수 있는 이유는 우리가 글자를 익힌 순간부터 계속 훈련해 온 문자 해독력 덕분이다. 우리의 해독력은 지나치게 문자 의존적인 반면 우리의 삶은 이제 수많은 이미지들에 잠식되어 있다. 영화, 드라마, 예능, 광고, 뉴스, 인터넷의 짧은 동영상들뿐 아니라 CCTV 화면까지 우리는 영상 이미지들의 홍수 속에 살고 있고, 그것들이 보내는 메시지들을 의식·무의식적으로 수신한다. 그들이 보내고 있는 신호에 지배당하지 않으려면 이미지들이 보내고 있는 의미를 읽어야 한다. 이를 위해 필요한 가장 첫 번째 단계는 그것에 '주목'하는 것이다.

영화에 대해 쓰려면 우선 우리는 학교가 가르쳐 주지 않았던 영화를 배워야 한다. 영화의 언어는 어떤 면에서 일반 언어와 정반대로 되어 있다. 크리스티앙 메츠(Christian

Metz)는 "문학은 (표현적이지 않은 외연과 표현적인 내포가 관계된) 이질의 내포로 구성되는 예술인 반면, 영화는 (표현적인 외연과 표현적인 내포가 관계된) 동질의 내포로 구성되는 예술"[8]이라고 규정했다. 이는 문학은 언어(표현적이지 않은 외연)를 통해 현실 세계의 물질성(표현적 내포)을 표현하고, 영화는 구체적인 사물(표현적 외연)을 보여 줌으로써 세계의 물질성(표현적 내포)을 재현한다는 의미다.

쉽게 말해서 문학은 구체적인 사물이나 감정을 추상적인 언어를 통해 표현하는 것이고, 영화는 감독이 선택하고 배열한 시청각적인 대상을 제시함으로써 추상적인 의미를 전달한다. 문학은 작가가 전달하고자 하는 의미를 언어라는 추상적 기호를 통해 명시할 수 있다. 반면 영화는 시각적 이미지나 대사나 행위를 통해서 그 의미를 암시할 수 있다. 여기서 이미지에 대한 오해가 발생하기도 한다.

'춘향전'을 예로 들어 그 차이를 알아보자. 문학 작품 『춘향전』은 춘향이 얼마나 예쁜지 설명하기 위해 '예쁘다'를 구체화하는 단어들과 비유적 개념들을 가져온다. 반면 영화에서는 춘향이가 예쁘다는 사실을, 당대에 가장 예쁘다고 평가받는 배우 혹은 춘향의 미덕을 가장 잘 보여 줄 수 있다고

8 크리스티앙 메츠, 『영화의 의미작용에 관한 에세이 1』, 이수진 역, 문학과지성사, 2011, 102쪽.

생각되는 배우를 통해서 표현하게 된다.

여기서 우리는 두 매체가 사용하는 언어의 본질적 차이뿐 아니라 각 매체가 어휘를 선택하는 메커니즘의 차이까지 알 수 있다. 문학이 사용하는 문자 언어는 비교적 시대적 변화에 덜 민감한 보편적 의미를 담고 있다. 물론 언어의 의미도 시대에 따라 변하지만 그 변화의 속도는 우리를 둘러싼 물질적 변화에 비해 체감이 어렵다. 반면 영화가 사용하는 이미지 언어는 시대적 변화에 따라 의미가 변질되기도 하고, 아예 소통되지 않는 경우도 생긴다. 시대를 대표하는 미인상이 어떻게 변화되었는지를 상기해 보면, 문학에서 쉽게 전제된 '춘향'의 '미(美)'가 영화에서는 왜 늘 논쟁의 대상이 되었는지 이해할 수 있다. 1960년대의 미인형을 대표했던 '춘향'이 2020년의 관객에게 동의를 받기란 얼마나 어렵겠는가? 영화가 사용하는 이미지 언어가 창작자의 의도에 맞게 관객에게 전달되려면 그것이 통용되는 시대의 사회적 가치와 상징을 고려해 적절하게 선택해야 한다.

이 선택의 결과가 바로 '인식적 시각을 적나라하게 드러내는' 영화의 장면들이다. 영화에 등장하는 모든 인물과 사물은 모두 선택된 것이지 우연히 그 자리에 있는 것이 아니다. 촬영 과정에 우연히 있었다고 하더라도 편집 과정에서도 살아남아 상영본에까지 존재했다면, 의도가 담겨 있거나 적어도 연출자의 의도에 어긋나는 것은 아니라는 뜻이 된다.

그렇다면 관객은 화면 안에 무엇이 놓여 있는지 인지하고, 그것이 왜 그곳에, 그런 방식으로 놓여 있는지 질문할 수 있어야 한다.

최근 한국 영화에서 가장 문제적이었던 캐릭터들을 통해 생각해 보자. 2010년 〈황해〉 개봉 이래로 한국 주류 영화에서 조폭들의 자리는 '조선족'에게 이양되었다. 〈친구〉(2001) 이후 스크린을 장악하다시피 했던 한국의 조폭들은 겉으로는 폭력적이지만 내적으로는 가부장적 미덕을 갖춘 남성성으로 묘사되곤 했다. 반면 조선족 조폭에게는 이와 같은 미덕조차 허락되지 않았다. 〈황해〉의 면정학(김윤석), 〈범죄도시〉의 장첸(윤계상)을 떠올려 보면, 그들은 인간의 한계를 뛰어넘는 신체적 조건과 법의 테두리를 손쉽게 벗어나는 지력 그리고 일말의 윤리적인 거리낌조차 없는 극악무도한 존재로 그려져 있음을 알 수 있다.

조선족 조폭은 한국 영화 안에서 '호모 사케르'[9] 같은 존재가 되었다. 그들은 물리적으로만 존재할 뿐, 법의 테두리에서 완전히 벗어나 있다. 때문에 어떤 폭력에도 쉽게 노출된다. 이때 쉽게 노출된다는 것은 폭력의 주체와 대상 양방

---

9 '호모 사케르(Homo-Sacer)'는 어원에 따르면 '성스러운 인간'이지만, 로마법에 의하면 제물로는 바칠 수 없으나 누구든 그를 죽여도 처벌받지 않는 존재다. 이들은 물리적으로 존재하고 있지만 어떤 종

향으로 적용된다. 그들은 인간의 신체 능력을 벗어난 이들처럼 폭력을 행사하고, 그들의 생명은 어떤 폭력에도 좀처럼 훼손되지 않는다. 그리고 이러한 특징은 파탄 난 서사를 구원하는 '데우스 엑스 마키나(deus ex machina)'[10]로 활용된다.

지금 한국의 범죄·느와르물에서 조선족 조폭은 경찰 권력마저도 무력화할 만큼 잔인하고 무법적인 폭력성을 수행한다. 또한 그들의 최후 역시 법에 의한 정당한 심판 절차를 거친 처벌보다 복수 차원의 응징에 가까운 죽음을 맞이하게 함으로써 정의가 실현되는 것처럼 그려진다. 이것이 과연 현실 사회에 대한 정당한 반영일까? 이 안에는 '외국인 노동자'라고 불리는 타자에 대한 두려움과 공포감이 내재되어 있는 것은 아닐까? 이처럼 유사 장르에서 활용된 캐릭터의 이미지를 복제하는 것은 미학적으로 장르 규범을 고착화하거

류의 질서나 규범에도 속하지 않는 인물이다. 조르지오 아감벤은 이들을 가리켜 "아무런 권리 없이 생 그 자체만 가진 벌거벗은 생명"이라고 표현했다. : 조르지오 아감벤, 『호모 사케르』, 박진우 역, 새물결, 2008, 175쪽.

10 『두산백과』에서는 다음과 같이 풀이한다. "초자연적인 힘을 이용하여 극의 긴박한 국면을 타개하고, 이를 결말로 이끌어 가는 수법이다. 라틴어로 '기계에 의한 신(神)' 또는 '기계 장치의 신'을 의미하며, 무대 측면에 설치한 일종의 기중기(起重機) 또는 그 변형으로 보이는 시올로가이온(theologeion)을 움직여서 여기에 탄 신이 나타나도록 연출한다고 하여 이러한 이름이 붙었다."(http://terms.naver.com/entry.nhn?docId=1082379)

나 이미지를 전형화하는 것이고, 윤리적으로 특정 대상을 타자화하는 것이다. 영화 안에서 묘사되는 대상은 우연적 포착이거나 현실의 반영이라기보다 필연적인 선택이며 현실에 대한 연출자 및 제작자의 해석이기 때문이다.

이처럼 어떤 현상이 발생하는 영화의 내적 구조와 그것을 둘러싼 외부적 환경을 분석하고, 그 안에 깔린 연출자의 의도와 대중적 무의식을 규명해 내는 것이 전문적인 영화 비평이 하는 일이다. 그 작업은 일단 보는 이의 인식과 의지에서 출발한다. 영화를 단순한 오락용으로 소비하며 2시간 동안 외부 세계와 단절된 극적 세계의 쾌락에 젖을 수도 있다. 이것은 영화와 세계 사이의 관계를 단절시키는 사용법이다. 왜 이 영화가 이러한 방식으로 내 앞에 있는지 의문을 가질 때 영화와 세계 사이의 닫힌 문이 열린다.

그 단계를 지나면 우리가 독서를 위해 가장 먼저 했던 일을 영화에 대해서도 해야 한다. 즉, 글을 읽기 위해서 글자를 배웠던 것처럼 영화에 관해 쓰기 위해서 영화에 관한 기본적인 용어와 문법을 익혀야 한다. 다양한 숏의 사이즈와 그것이 산출하는 차별적인 의미를 파악하고, 영화의 윤리적 태도를 드러내는 카메라의 움직임과 편집의 효과 그리고 우리의 감정을 지배하는 사운드를 분석하는 방법을 익히는 것이다. 우리는 영화를 배우지 않았기 때문에 영화평을 쓰기 전에 기본적인 화법들을 배워야 한다.

03

영화평은 일종의 대화다

1. 누구와 어떤 이야기를 나누려고 하는가?
글의 목적과 예상 독자 파악

영화를 보고 글을 쓰기 전에 가장 먼저 정해야 할 것은 '왜 이 글을 쓰는가?'에 대한 답이다. 모든 글이 그러하듯이 영화평 역시 어떤 목적으로, 누구를 대상으로 하느냐에 따라 다른 형태를 취할 수밖에 없다.

영화관에 영화를 볼 때 우리는 TV 드라마를 보는 것과 달리 상당히 양식화된 관람 태도를 요구받게 된다. 음악회와 같이 절대적인 '정숙'을 강요받는 것은 아니지만 많은 사람들이 함께 감상에 몰입하고 있기 때문에 어느 수준 이상의 대화는 자제하기를 요구받는다. 때로는 장면에 대한 과도한 리액션도 눈총을 받는다. 그러므로 우리는 약 두 시간가량 서사 진행에 의문이 생기거나 인물의 심리가 정확하게 이해되지 않아도, 혹은 감독의 장면 제시 방식이 마음에 들지 않더라도 일행과 적극적인 대화를 나눌 수 없다. 그러니 극장문을 나서는 관객들의 입이 바빠질 수밖에 없다. 자신이 제대로 이해한 것인지에 대한 확인부터, 자신의 감상에 관한 친구들의 공감 유도나 동의가 안 되는 이야기 전개에 대한 토론 등이 자연스럽게 따라붙는다.

필자는 영화평을 쓰는 것만큼이나 영화에 대해 이야기하는 것을 즐기는 편이다. 당연히 영화에 대해 쓰는 일보다 대화를 나누는 일이 더 빈번하게 일어난다. 하지만 모든 이와 동일한 수준의 이야기를 나누지는 않는다. 대화 상대를 무시해서가 아니라 대화를 나누는 이의 지식 수준과 태도가 너무 상이하기 때문이다. 물리학자와 대화할 때 그가 나를 물리학 전공자처럼 취급하지 않는다고 해서 나를 무시한다고 생각할 이유가 없는 것과 마찬가지다. 나는 그가 나를 물리학 지식에 있어 완전한 백지상태인 것으로 가정하고 대화에 임하기를 기대할 것이다. 만약 그렇지 않다면 그 대화는 3분 이상 지속될 수 없다.

영화에 관한 대화의 수준을 정할 수 있는 첫 번째 질문은 정해져 있다. 첫 질문의 대답 내용에 따라 뒤를 잇는 세부 질문이 달라지며 그런 질문과 대답을 통해 서로의 관심사를 확인하며 방향과 깊이를 수정할 수 있다. 이것이 글쓰기와 비교했을 때 대화가 갖는 가장 큰 장점이다.

첫 번째 질문은 바로 "그 영화 봤어?"다. 이는 해당 영화에 대한 상대의 관심과 지식의 여부를 판가름하는 데 유효하다. 답은 두 가지로 나뉠 수 있다. 만약 "봤어"라면 영화 내용에 대한 일반적인 설명을 생략할 수 있으며, 이때는 교환적인 대화가 가능하다. 영화의 내용 확인을 넘어서 내용, 주제, 연기, 촬영 등 세부 사항에 대한 분석 내용을 교환할 수 있다. 답이 "안 봤어"라면 이 대화에서는 정보 전달이 먼저 이루어져야 한다. 그런데 정보 전달의 수위를 정하기 위해서 "들어 본 적은 있어?"라는 질문이 부연되어야 한다. 답이 "아니"라면 소재와 배우, 감독 등 사실적 정보를 제시할 수 있다. 하지만 대화 상대가 전혀 관심이 없다면 다른 대화로 주제를 옮기는 것이 일상 생활의 매너다.

또 한편으로는 정보 제공을 하면서 없던 관심을 유발할 수도 있다. 이때 필요한 것이 '유혹의 기술'이다. 대화가 지속 가능한 상태라면 작품의 세부 정보와 감상평을 곁들일 수 있다. 그런데 이때 세부 정보의 수위를 조절할 수 있는 질문을 다시 던질 수 있다. "그 영화 볼 거야?"에 대한 답이 긍정적이라면 서사에 대한 구체적인 언급, 특히 결말에 대한 스포일러를 삼가는 것이 좋다. 부정적이라면 그 이유에 대해 가볍게 이야기를 나누는 것으로 대화를 마무리 짓는 것이 바람직하다.

장황하게 늘어놓은 이런 대화의 절차를 아마 누구든 겪어 보았을 것이다. 영화평을 쓰는 이유와 방식도 이와 기본적으로는 크게 다를 게 없다. 보통 영화의 서사 정보를 틀리지 않게 이해했는지 확인하고, 감상 중 생긴 궁금증에 본인 스스로 답을 찾거나, 자신이 해석이 합당한지 다른 이들에게 검증받거나, 분석 내용을 공유하고 싶은 마음에서 출발하기 때문이다.

하지만 어떤 수준의 논의를 진행해야 할지는 독자가 어떤 마음가짐으로 그 글을 읽을 것인가에 따라 달라진다. 영화를 볼까 말까 망설이는 예비 관객에게 영화의 클라이맥스와 관련된 중요한 서사 정보를 마구 유출하며 대화를 시도한다면 원성을 사게 될 것이고, 오락거리로 영화를 대하는 이에게 진지한 대화를 강요한다면 거절당할 것이 뻔하기 때문이다. 반대로 이미 영화를 보았거나 해당 영화에 상당한 관심을 가지고 여러 가지 정보를 찾아본 이에게, 줄거리를 상세하게 늘어놓으며 상식적인 수준의 독해를 들려준다면 아무런 흥미를 느끼지 못할 것이다.

자신이 쓰려고 하는 매체가 무엇인지를 상기하고, 무슨 목적으로 글을 쓸 것인지를 미리 확정하지 않는다면 공을 들여 쓴 글이 무용지물이 되고 말 수도 있다. 개인 블로그의 글부터 학술적인 논문에 이르기까지 영화와 관련된 글의 종류는 무척 많다. 개인적인 글은 일정한 형식이 요구되지 않고 독자 선정에 있어서 크게 구애받지 않는다. 여기서는 일정한 형식으로 작성해야 하는 영화 관련 글을 크게 네 가지로 분류하여 설명하도록 하겠다.

2. 영화 관련 글의 종류

❶ 리뷰(Review)와 프리뷰(Preview)

신문이나 영화 잡지에 실리는 신작 영화에 대한 소개 글이다. 영화의 오락적인 기능에 기대를 가지고 있는 대다수의 관객을 대상으로 하는 글로, 아직 개봉하지 않은 영화를 추천하거나 비판적으로 전달하는 것을 목적으로 쓴다. 이러한 글은 독자가 영화를 아직 보지 못한 상태임을 전제하고 해당 영화에 관한 전반적인 지식을 전달한다.

이런 글이 개인적인 대화와 다른 점은 객관적인 정보 전달에 집중하고, 영화에 대한 글쓴이의 평가, 단순하게 말하면 '추천' 혹은 '비추천'을 통해 관객의 관람 행위에 영향을 미칠 수 있다는 점이다. 플롯을 체계적으로 요약하여 제시하고 감독과 배우 등 대중에게 인지도가 있는 요소들을 중심으로 설명한다. 감독의 전작 혹은 유사한 장르에 속하거나 비슷한 소재를 다룬 작품들과 비교해서 설명하는 것도 효과적이다.

이 외에 영화 제작 과정 등에서의 특이한 사항이나 원작에 대한 소개, 혹은 인상적인 스태프(미술, 음악, 의상, 특수효과 등)에 대해 언급할 수도 있다. 영화의 대략적인 줄거리나 장르상의 특성들을 소개하지만 영화의 내용상 미리 공개되면 곤란한 부분이나 결말은 교묘하게 숨기고 호기심을 자극하는 방향으로 써야 한다. 요즘에는 영화의 서사적 요소 중 반전이 흥행의 중요한 요소로 생각되는 경향이 있기 때문에 스포일러가 되지 않도록 유의해야 한다.

예시 | 프리뷰

봉준호라서 가능했던 〈옥자〉, 빛나는 블랙 코미디[1]

봉준호 감독만이 만들 수 있는 영화다. 〈옥자〉는 비극적인 메시지에 봉준호 감독 특유의 블랙 코미디가 덧입혀졌다. 실재할 것 같은 '옥자'의 모습은 몰입감을 불러일으킨다. 국내에서 봉준호 감독의 〈옥자〉가 드디어 베일을 벗었다. 12일 오후 서울 중구 충무로 대한극장에서 〈옥자〉(감독 봉준호, 제작 넷플릭스)의 언론 배급 시사회가 열렸다.

영화는 10년간 함께 친구이자 가족처럼 지낸 강원도 산골 소녀 미자(안서현 분)와 동물 옥자의 이야기다. 글로벌 기업 미란도가 옥자를 뉴욕으로 끌고 가자 미자는 옥자를 구하기 위해 무작정 위험천만한 여정에 나선다. 거대한 몸집을 가진 옥자의 귀여운 몸짓과 슬픈 눈망울은 관객들의 섬세한 감정을

1 유지희, 「봉준호라서 가능했던 〈옥자〉, 빛나는 블랙 코미디」, 『조이뉴스24』, 2017.6.12.(http://www.joynews24.com/view/1028804) 원문은 인터넷에 게시된 기사문으로 문단 구분 없이 작성되었다. 문단 구성과 문장 일부 수정은 인용자.

자극한다. 물속에서 뒹굴고 미자와 함께 낮잠을 자는 모습은 옥자와 미자의 친밀한 유대감을 느끼게 한다. 클로즈업된 옥자의 피부는 사실적이다. 미자가 옥자를 만질 때의 촉감은 생생하게 전달된다. 옥자의 현실적인 모습은 봉준호 감독의 상상력과 세계적인 기술 감독 에릭 얀 드 보어와의 협업으로 가능했다. 에릭 얀 드 보어 감독은 영화 〈라이프 오브 파이〉에서 호랑이 리처드 파커를 3D를 통해 실감나게 구현한 바 있다.

틸타 스윈튼은 영화에서 자매 루시와 낸시를 1인 2역으로 소화했다. 봉준호 감독은 루시와 낸시를 통해 날카로운 메시지를 던진다. CEO 루시 미란도는 회사를 환경친화적인 기업으로 변화시키기 위해 마케팅에 강박적으로 집착한다. 또 다른 CEO 낸시 미란도는 이윤을 위해서라면 수단과 방법을 가리지 않는다. 미자와 동물 애호 단체는 미란도 기업에 대항하며 옥자를 구출하려 한다. 이 과정에서 기업 미란도의 자본주의 마케팅과 동물 학대 실상이 드러난다. 영화에 대한 봉준호 감독의 문제의식과 맞닿아 있는 지점이다. 영화의 메시지는 봉준호 감독 특유의 블랙 코미디로 극대화된다. 미자가 목숨을 걸고 옥자를 구하려는 위험천만한 상황에서 경쾌한 음악이 흐르고 분홍빛 꽃잎이 휘날린다. 비극적인 상황에서 영화 〈러브 액츄얼리〉의 유명한 스케치북 장면을 패러디한 모습도 등장한다.

〈옥자〉는 개봉 전부터 화제작으로 떠올랐다. 영화는 제70회

칸국제영화제에 공식 초청됐다. 〈괴물〉, 〈도쿄!〉, 〈마더〉에 이어 봉준호 감독의 4번째 칸국제영화제 초청작이자, 첫 경쟁 부문 진출작으로 화제를 모았다. 논란도 많았다. 넷플릭스 제작 영화가 과연 칸국제영화제에 초청될 수 있는지에 대한 논의가 불거졌다. 국내 개봉을 앞두고는 상영관 확보에 어려움을 겪었다. 넷플릭스가 통상적인 의례를 깨고 극장 상영과 동영상 서비스를 동시에 하겠다고 밝히면서다. 여러 논란을 딛고 〈옥자〉가 국내에서 흥행할 수 있을지 주목된다. 영화는 오는 29일 개봉한다.

보통 일간지나 영화 주간지의 프리뷰에 제공되는 지면 분량은 상당히 제한적이다. 따라서 문장은 최대한 간결하고 명료하게 작성하는 것이 원칙이다. 이 글은 영화 전문지가 아닌 연예·스포츠 전문 매체에 게재된 프리뷰다. 이때 작성자는 독자를 영화에 대해 일반적인 수준의 지식과 관심을 가지고 있다고 상정하기 때문에 작품과 관련된 사실적 정보들, 특히 대중적으로 흥미를 끌 만한 요소들을 중심으로 작성하게 된다.

프리뷰는 보통 극장 개봉 2~3주 전 언론시사회를 통해 영화가 공개된 후 작성한다. 국내 작품의 경우 대부분 시사회 이후 감독과 출연진이 함께하는 간담회가 진행되고 글에

질의응답 내용이 반영되기도 한다. 이 글에는 영화뿐 아니라 영화를 둘러싼 국내외 언론의 관심까지도 간략하게 언급함으로써 이 영화의 화제성을 부각했다.

프리뷰는 줄거리를 요약해서 제시하되 결말에 해당하는 부분은 밝혀 적지 않는 것이 일반적이다. 이 글 역시 전반적인 플롯을 제시하고 줄거리나 결론을 상세하게 기술하지 않았다. 영화를 보지 않은 독자들이 작품의 주요 갈등과 주제 의식이 무엇인지 이해할 수 있는 수준으로만 밝혀 두었다. 작품에서 가장 주목을 끌 만한 거대한 돼지 '옥자'의 기술적 재현을 가능하게 한 기술 감독에 대한 설명을 곁들인다. 그 뒤에 주요 인물의 특징과 그 배역을 맡은 배우에 대한 설명을 덧붙였다. 봉준호 감독의 전작을 알고 있는 독자들에게 그의 전작들과의 유사성을 거론하면서 작품의 전반적인 분위기를 유추할 수 있도록 하고 있다.

이 작품의 외적 특성 중 가장 두드러지는 점은 제작·배급 구조다. 일반적으로 헐리우드 영화가 영화 제작사의 투자를 받아 제작되고, 극장을 통해 상영되는 것과 달리 이 작품은 넷플릭스[2]에서 투자·제작·배급·상영을 맡았다. 즉, 봉준

2 넷플릭스는 처음에 DVD 렌털 사업으로 시작한 동영상 제공 업체로, 이후 인터넷을 통한 스트리밍 서비스로 사업을 확장했고 요즘에는 드라마, 영화, 다큐멘터리, 스탠드업 코미디 쇼 등을 자체 제작해서 공급

호 감독의 〈옥자〉는 '넷플릭스 오리지널'이라는 넷플릭스 자체 제작 영화인 것이다.

넷플릭스 오리지널은 극장 개봉 없이 바로 스트리밍 서비스를 제공하기 때문에 전통적인 의미에서 영화의 범주에 넣을 수 있는가를 두고 논란이 일기도 했다. 일반적으로 넷플릭스 오리지널 영화들은 유료 관람 수신자를 대상으로 하는 온라인 상영을 하는 데 그치는 반면, 〈옥자〉는 칸국제영화제에 출품하는 등 기존 영화들의 궤적을 포기하려 하지 않았다. 칸영화제에서 '영화'의 개념에 대한 논란을 불러일으켜 '극장 개봉 작품만을 추천할 수 있다'는 규정을 새롭게 만드는 계기가 되기도 했다. 한국에서도 멀티플렉스 극장 체인에서 상영 반대를 하는 바람에 체인이 아닌 상영관에서 넷플릭스와 동시 공개되었다.[3] 이 글은 후반부에서 이러한 작품 제작의 특수성을 간략하게 언급하고 있다. '논란'에 관한 사실적 정보들을 제공하는 기사가 많기 때문에, 이 글은 논란의 내용을 자세하게 논의하지 않고 환기하는 수준에게 거론하며 개봉일 정보를 게시하면서 마무리하고 있다.

이처럼 프리뷰나 리뷰는 결말부를 제외한 간략한 시놉

하고 있다.

3 「〈옥자〉의 봉준호 감독, 극장 개봉 논란에 밝힌 입장」, 『YTN 뉴스』, 2017.6.14.(http://www.ytn.co.kr/_sn/0117_201706141232003096)

시스를 공개하고, 관객들이 작품 선택을 하는 데 도움을 줄 수 있는 평가를 제시하는 것을 목표로 한다. 이를 위해 영화 제작이나 배급을 둘러싼 사실적 정보를 제공하고 감독, 배우들의 전작과 비교하여 관객들의 이해를 돕기도 한다. 관객이 아직 접하지 않은 영화를 대상으로 하기 때문에 대체로 평이하고 명료한 문장으로 작성되어야 한다. 영화의 세부 장면들을 바탕으로 한 구체적인 분석보다는 정보 전달과 전체적인 만듦새나 주제 의식에 대한 평가가 글의 목적이 된다.

② 이론서와 학술 논문

영화에 대한 전문적인 지식을 가진 이들을 대상으로 학문적인 관점을 채택하여 적절한 이론을 방법론으로 삼아 쓰는 학술적인 글이다. 예를 들면, 서사론을 이용해 스토리를 분석하거나 장르론을 기반으로 영화의 서사 장치들을 논의하는 글들이 여기에 포함된다. 페미니즘이나 정신분석학 같은 타학문의 이론을 활용해 영화의 주제나 기법을 분석하거나 평가할 수도 있다.

이러한 글을 읽는 이들은 이미 대상 영화에 대한 기본적인 지식은 물론 학술적인 관심을 갖고 있다고 전제한다. 그러므로 전문적인 기술 용어나 이론들을 활용하여 정밀한 분석을 비교적 객관적인 문체로 작성한다.

영화와 문학의 서술학

롤랑 바르트를 비롯한 많은 사람들이 영화·꿈·몽상 사이의 유사성을 강조한다. 환한 스크린에 대한 매혹(우리의 관음 충동을 충족시켜 준다), 현실의 인상(영상과 영상이 재현하는 것 사이에는 유사성이 있다)과 동시에 존재하는 비현실의 인상을 보라(영상이 있지만 그것은 미끼다. 고다르가 말하듯 이것은 '그냥 그림자일 뿐'이다. 영상은 재현된 대상이 아닐 뿐 아니라, 대상과의 '유사성'까지 재현하는 몇 가지 규칙을 지킴으로써 약호화되고 조종된다). 그러나 크리스티앙 메츠는 영화 관객이란 타자가 배열한 영상을 바라보는, 깨어 있는 사람이라는 사실을 강조한다. 관객의 인식은 현실적이며 자신에게 인정된다. 예를 들어, 영화로 각색된 문학의 문제로 돌아가 보면 독자 스스로 인물이나 서술 전체에 대해 만들었던 영상과 타인이 만든 영상과의 대조로부터 실망이 올 때가 많다.

영화의 관객은 깨어 있지만 그의 주의력은 영화 감상의 조건 자체에 의해 잠들어 있다. 게다가 관객은 자발적으로 영화에 몸을 맡기며 말없이 (수동적인) 관객으로 처신할 것을 수용한다. 이러한 상황은 지각의 전능이라는 환상을 준다. 영화는 사실 관객을 위해 구성되어 있다(반면 세계는 지각하는 눈으로부터, 혹은 그 눈 주위에 배열되어 있지 않다). 닉 브라운은 관객의 이러한 특권적 위치를 '로쿠스(locus)'라 부르자고 제안한다. 이것은 "표현의 구조에 통합되어 있고, 독자가 드라마틱한 전개를 사건의 일관성 있는 연쇄처럼 따라갈 수 있게 해준다. 로쿠스는 관객의 '추상적 지위'를 재현하는 만큼 구체적인 물리적 위치를 갖고 있지 않다. 로쿠스는 행위를 따라간다." 그러면 관객은 이런저런 배우와 감정적으로 동일시할 수 있게 되고(같은 영화라고 반드시 같은 인물이 동일시 대상은 아니다), 동시에 관객의 역할에 동일시한다(감정은 안전한 곳에서 생겨난다……).

서술 영화에서 영화의 재현은 관객의 위치에 따라 구성된다. 이 위치는 잠재적으로 (허구적인/'허구화된') 우주의 중심이다. 서술 영화의 즐거움은 관객이 지각한 세계를 지배하고 이해했다는 환상에서 나오는 즐거움이다(특히 이 세계가 가장 '관례적인' 코드에 따라 구성되었을 때 그렇다). 이 세계는 나를 위해 만들어졌고, 나의 자리는 거기에 분명히 지정되어 있다. 나는 모든 것을 이해한다.[4]

4 프랑시스 바누아, 『영화와 문학의 서술학』, 송지연 역, 동문선, 2003, 30-31쪽.

이 글은 문학과는 다른 영화의 수용 방식을 설명하고 있는 글이다. 전통적으로 영화 감상 시 관객은 꿈을 꾸는 것과 유사한 상태에 있는 것으로 생각되었지만, 크리스티앙 메츠와 같은 연구자는 관객이 단순히 꿈을 꾸는 듯한 무의식의 상태에 빠져 있는 것이 아니라 자각적인 상태에 있다는 데 더 관심을 두었다. 관객은 수동적으로 보고 있는 것처럼 보이지만 실제로는 자신의 인식적인 자각과 보고 있는 화면을 비교하며 평가하고 있기 때문이다.

서사 영화가 관객에게 주는 또 하나의 환상은 모든 것이 그의 시선적 위치를 중심으로 펼쳐진다는 것이다. 실제 세계가 주체의 시선적 위치와 아무 상관 없이 존재하는 것과 달리, 영화의 세계는 관객의 시선을 중심으로 구성되어 있다. 이를 통해 관객은 영화에 몰입하고, 마치 자신이 그 안에 존재하는 것과 같은 동일시의 환상을 품게 된다. 그러므로 관객은 자신의 시선적 위치를 중심으로 만들어진 영화 속 허구의 세계를 들여다보며, 자신이 모든 것을 이해한다는 환상에 빠져들게 되는 것이다.

이 글에서는 특히 영화 수용 방식에 있어 관객의 인지적 위치와 심리 상태에 대해 분석하고 있으므로, 전달되는 정보를 완벽하게 이해하기 위해서는 영화의 매체적 특수성과 그것을 관람할 때 관객에게 생기는 정신 작용에 대한 기본적인 지식이 필요하다. '관음 충동', '약호화'와 같은 기호학이나 정신분석학 용어에 대한 기초적인 이해가 전제되어 있어야 하며, 이를 바탕으로 '로쿠스(서사 안에서 관객의 추상적 지위)'와 같은 용어의 개념을 습득해야 한다. 롤랑 바르트(Roland Barthes), 고다르, 메츠와 같은 영화 이론가들의 이론에 익숙하다면 글을 읽는 데 더 흥미를 느끼겠지만, 그렇지 않다면 이 글이 그들의 이론으로 독자들을 연결시켜 주는 창구가 될 수도 있다. 이처럼 학술적인 글은 영화라는 매체 자체의 미학적·기술적 특징들에 대해 논하는 광범위한 연구 대상을 가질 수 있기 때문에 독자에게 좀 더 전문적인 관심을 요구하기도 한다.

영화에 대한 학술적인 연구를 담은 소논문들도 있다. 소논문의 구성은 대체로 연구 목적, 연구 방법, 작품 분석의 순서로 이루어진다. 다음 예시는 영화의 서사 구조에서 '서프라이즈'와 '서스펜스'가 관객의 기대 심리와 어떻게 연관되는지 영화 〈아가씨〉와 〈오피스〉를 중심으로 분석한 소논문이다. 일단 목차를 통해 소논문의 전체적인 구성을 살펴보고, 인용된 부분을 보며 소논문의 특성을 이해해 보자.

예시 | 학술 논문

서사 구조의 형성과 관객의 심리: 〈오피스〉와 〈아가씨〉의 서프라이즈와 서스펜스[5]

목차

Ⅰ. 서론

Ⅱ. 서사와 차이

Ⅲ. 서프라이즈와 트위스트

Ⅳ. 서스펜스와 패러독스

Ⅴ. 〈오피스〉의 서프라이즈와 서스펜스

Ⅵ. 〈아가씨〉의 반복적 구조와 관객의 욕망

Ⅶ. 결론

이 글은 1장에서 대중 영화에서 관객과의 상호 소통에 있어 가장 중요하게 생각되는 요소로 '서프라이즈'와 '서스펜스'를 선택하게 된 이유를 제시하고, 이 개념들을 통해 〈오피스〉와 〈아가씨〉의 서사 구조와 관객 심리 반응을 분석하는 데 초점을 맞출 것임을 밝히고 있다. 2장에서는 스토리 시간

5 김무규, 「서사 구조의 형성과 관객의 심리: 〈오피스〉와 〈아가씨〉의 서프라이즈와 서스펜스」, 『문학과 영상』 17, 2016, 481-506쪽

과 서사 시간의 '차이'를 언급하면서 이 차이를 받아들이는 관객의 심리 상태에 대해 서사론 차원에서 개괄적으로 논의했다. 3장과 4장에서는 연구 방법론의 핵심인 서프라이즈와 서스펜스를 개념적으로 정리하고 있다. 이를 위해 3장에서는 서프라이즈를 야기하는 '트위스트(반전)'를 설명하여 이해를 돕고, 4장에서는 장르적으로나 인지적으로 이미 알고 있는 결말임에도 서스펜스가 발생하는 인식적 '패러독스'에 대해 설명했다. 5장과 6장에서는 각각 〈오피스〉와 〈아가씨〉 작품 분석을 통해 이전 장에서 설명했던 요소들이 실제 서사에서 관객의 추론을 어떻게 배반·수정하면서 극적 긴장감을 구축하게 되는지를 분석했다.

다음은 소논문 6장의 〈아가씨〉 작품 분석 부분을 발췌한 것이다.

VI. 〈아가씨〉의 반복적 구조와 관객의 욕망[6]

두 번째로 박찬욱 감독의 최근작인 〈아가씨〉(The Handmaiden, 2016)를 살펴보도록 한다. 이 영화는 복잡한 서사 구조를 지니고 있는데, 그것은 나름대로 이유가 있는 것 같다.

---

6 앞의 논문, 498-501쪽. 이해를 돕기 위한 내용 보충(괄호)은 인용자.

약 한 시간 정도의 첫 번째 에피소드가 끝나면 두 번째 에피소드가 50분, 그리고 이후에 세 번째 에피소드가 30분 동안 진행된다. 각각의 에피소드는 어떠한 연관성을 지니고 있는데 이러한 복잡함을 어떻게 이해할 수 있는지 우선 알아보도록 하겠다. 본 논문은 앞에서 계속 영화의 서사 구조를 관객 심리의 관점에서 파악하려고 했는데, 〈아가씨〉의 서사 구조도 이러한 설명을 통해서 바라보고자 한다.

영화는 전체적으로 캐럴(Noel Carroll)이 말한 문답식의 서사 진행과 아울러 히치콕의 서스펜스가 지속적으로, 그리고 반복적으로 나타난다. 첫 번째 에피소드에서 관객은 이미 백작(하정우)과 숙희(김태리)가 함께 히데코(김민희)의 재산을 차지하려고 공모하고 있음을 알고 있다. 첫 번째 에피소드의 두 번째 시퀀스는 숙희가 히데코와 만나는 첫 번째 시퀀스 이후 그 경위를 설명하는 플래쉬백 시퀀스다. 여기에서 백작은 숙희와 그녀의 식구들을 만나고 자신의 계획을 설명한다. 이 시퀀스에 등장하는 인물들의 많은 대화와 그것의 연극적 구성을 통해 관객들은 앞으로 전개될 사건들에 대한 충분한 정보를 갖게 된다. 이것은 일종의 설정인데 그것이 설정(establishing)인지 설정(set up)인지는 첫 번째 시퀀스가 끝나야 알 수 있다. 다시 말해서 첫 번째 에피소드 전체는 관객들에게 서스펜스로 작용하지만 사실 그것은 트위스트를 통한 서프라이즈의 준비기도 하다. 여기에서 서스펜스는 관객으로

하여금 미리 알도록, 즉 백작과 숙희가 공모하였음을 관객에게 주지시킴으로써 발생한다.

그리하여 첫 번째 에피소드에서 관객들은 공모당하고 있다는 사실을 모르는 히데코를 바라보며 서스펜스를 느끼게 된다. 이러한 형태의 서스펜스는 두 번째와 세 번째 에피소드에서도 나타난다. 이후에는 상황이 바뀌어서 관객은 두 번째 에피소드에서 백작과 히데코의 공모를 모르는 숙희를, 그리고 세 번째 에피소드에서 히데코와 숙희의 공모를 모르는 백작을 바라보며 서스펜스를 느끼게 된다. 영화는 전체적으로 인물들의 공모로 이루어진 서스펜스로 이루어졌지만 첫 번째와 두 번째 에피소드 사이에서 나타난 트위스트를 통해 서프라이즈도 발생한다. 그리하여 서스펜스와 서프라이즈는 균형을 이룬다. 서스펜스와 서프라이즈는 보족적(complementary)이라는 채트먼(Seymour Chatman)의 말을 다시 한번 확인할 수 있는 부분이다. 두 번째 에피소드는 첫 번째 에피소드에 나타났던 레드 헤링[7](히데코의 순박함, 숙희와 백작의 대화 등)을 부인하

7 해당 논문의 487-488쪽 설명에 따르면, '레드 헤링이란 붉은 훈제 청어를 가리키는 말'로 원래는 '사냥개를 훈련시킬 때 사용되었다'고 한다. 잘 훈련된 사냥개들은 냄새가 지독한 레드 헤링이 있더라도 냄새에 현혹되지 않고 사냥감을 포획한다. 이 글에서는 우리가 흔히 반전이라고 부르는 '트위스트'가 효과적으로 작용하도록 하기 위해 관객이 다른 결론을 예상하도록 만드는 추리의 단초들을 가리킨다. 관객들은 자신이 서사적으로 주목한 정보들을 가지고 결말을 예상하는데,

면서도 트위스트가 논리적임을 확인시켜 준다. 왜냐하면 그 논리에는 알리바이가 있기 때문이다. 그리고 두 번째 에피소드의 후반부는 주로 첫 번째 에피소드의 여러 장면들을 다른 각도에서 다시 보여 주면서 그 알리바이를 부각시킨다. 그리하여 다른 각도의 (혹은 다른 편집의) 장면들을 반복함을 통해 단지 관객의 판단이 잘못된 것이었음을 보여 준다. 다시 말해서 트위스트 발생 이후의 장면들에서 새로운 사건은 없으며, 사건을 반복해서 보여 주는 구조를 취하게 된다. 단지 관객이 잘못 보았던 (혹은 잘못 보도록 유도했던) 장면들의 논리를 알리바이와 함께 짜 맞춘다. 바로 그러한 이유 때문에 두 번째 에피소드의 후반부의 장면들에서 묘사된 사건은 인물들의 갈등에서 비롯되는 것이 아니라 단지 영화가 관객을 속였던 사건임이 묘사된다.(후략)

예시로 제시된 부분은 6장의 서두로 3, 4장에서 제시된 개념들이 실제 〈아가씨〉라는 작품에서 어떻게 서사적 갈등을 구성하며 관객 반응을 형성하는 데 기여하는지를 보여 주고 있다. 방법론으로 제시된 개념인 '트위스트'가 '서프라이

이것은 실제로는 연출자가 관객에게 의도적으로 감추려고 하는 진짜 결말을 예상하지 못하도록 하는 방해물의 역할을 한다.

즈'에 어떻게 기여하며, 정보 전달에 의도적으로 혼선을 일으킴으로써 어떻게 '서스펜스'를 유도하게 되는지 보여 준다. 그와 같은 기법이 시간을 중첩적으로 반복하는 이 영화의 서사 구조와 어떻게 관련되는지 설명하고 있다. 이처럼 소논문에서는 앞 장에서 기술된 서사적 개념들을 실제 서사에 적용함으로써 사례를 통해 서론에서 제시된 논제를 증명하는 과정이 꼭 뒷받침되어야 한다.

이와 같은 학술 논문은 영화 이론서와 마찬가지로 영화에 대한 전문적인 이해를 갖고자 하는 독자들을 대상으로 작성된다. 이를 위해 개성적인 문체를 지양하고, 객관적이고 명료한 문체로 기술하는 것을 기본으로 한다. 영화 이론서와 달리 분량에 제한이 있기 때문에 광범위한 대상에 대한 일반론보다는 구체적인 대상을 가지고 가설이나 이론을 증명하는 것을 목적으로 삼는다. 서론에서 연구의 목적과 대상을 밝히며 기존의 연구사를 검토하고, 1~2장에 걸쳐 연구에 도움이 되는 방법론을 소개한 다음, 작품에 대한 구체적인 분석을 통해 연구를 수행하는 것이 일반적이다. 참고한 자료에 대해서는 분명하게 각주를 달고, 논문의 말미에 참고 문헌 목록을 밝혀 적는다.

③ 비평

비평은 작품을 이미 감상한 독자를 대상으로 깊이 있는 논의를 펼칠 수 있으며, 쓰는 이의 개성적인 필체와 직관적인 분석이 허용되는 글이다. 예상 독자는 영화를 전문적으로 공부하는 이들은 아니지만 영화에 대해 기본적인 지식을 가지고 있으며 영화를 분석적으로 독해하는 것에 익숙하거나 흥미를 가지고 있는 이들이다.

영화에 관해 상식적인 설명을 늘어놓기보다 글쓴이의 관점을 명확하게 드러내야 한다. 다시 말해, 단순한 줄거리 요약이나 감상에 그치지 않고, 글쓴이의 독자적인 시각을 통해 영화에 비판적으로 접근해야 하는 것이다. 이를 위해 작품에 대한 배경 지식은 물론 작품 자체의 형식적·내용적 특징을 숙지하고 있어야 한다. 논문처럼 이론을 전면에 내세우지는 않는다고 하더라도 자신의 관점을 심화하고 보완할 이론적인 틀을 빌려와 설명할 수 있다. 개성적인 문체를 적당히 사용하면 읽는 이의 흥미도 유발할 수 있다.

〈아바타〉—놀라운 현실감 갖춘 퇴행적인 동화[8]

〈아바타〉는 벌써 많이 말해졌고, 앞으로 더욱 많이 말해질 것이다. 이 영화를 좋아하든 싫어하든 〈아바타〉는 많은 사람들에게 새로운 지각 체험을 만들어 내고 있다고 느끼게 하고 있으며, 21세기 영화는 이 새로운 체험을 두고 그것의 산업적 유용성과 미학적 가치를 판별하는 데 상당한 시간과 노력을 쏟게 될 것이다. 물론 논쟁도 불가피할 것이다. 지금으로선 어떤 논의도 잠정적일 수밖에 없겠지만, **나는 〈아바타〉를 지지하지 않은 소수에 속한다. 그 근거에 대해 말하려 한다.**(중략)

새삼스레 영화사의 시대 구분을 논하려는 것은 아니다. 〈아바타〉의 '수정주의적' 시각이 이 영화의 자질과 완전히 무관할 뿐만 아니라, 오히려 모종의 퇴행성과 연관되어 있다는 사실을 말하기 위해서다. 타자를 이상화하는 것은 타자를 악마화하는 것만큼 위험하다. 이것이 '수정'이라면 그것은 위험한 수정이다.(중략)

'대평원에서의 자연과 합일한 생태주의적 삶', '완전한 공

8 허문영, 「아바타 — 놀라운 현실감 갖춘 퇴행적인 동화」, 『씨네21』, 2010.1.21.(http://www.cine21.com/news/view/?mag_id=59473) 강조와 수정은 인용자.

동체의 유지 능력과 전사의 전통', '문명에 의한 추방과 소멸' 등의 신화화된 사실·풍문들과 결부된, 이 종족이 불러일으키는 향수와 비극적 정조는 〈늑대와 춤을〉에서 그랬듯 그대로 〈아바타〉의 전략이 된다. 〈아바타〉의 나비족은 이 모든 것들을 갖고 있는 데다 (소멸된 과거라는 점만 빼고) 어떤 결핍도 발견되지 않는 완벽한 종족이다.(중략)

이 영화의 이야기가 재미없다고 느낀다면 이 때문일 것이다. 첫 10분만 보면 선과 악이 바로 나누어지고, 악이 자기를 회의하지 않는 동안 너무도 완벽한 선은 어떤 내적 균열도 보이지 않다가, 결국 선의 승리로 끝나기 때문이다. 그 선이 외모와 생활 양식에서 인디언을 연상하지 않을 수 없는 나비족이고, 악이 탐욕으로 가득한 문명화된 인류라고 해도 이 **순진한 서사는 서부극의 전통과 무관함은 물론 최근 할리우드 슈퍼 히어로 영화들의 자기 분열적이며 신경증적인 심리주의에 비해서도 퇴행적인 동화다.**

그렇다면 이제 남은 건 신기한 '볼거리'에 경탄하거나 아니면 별것 아니라고 폄하하는 일뿐일까. 하지만 〈아바타〉가 진부하고 뻔한 이야기에 신기한 구경거리를 결합했다고만 말하는 것으로는 뭔가 부족하다. 사태가 그렇게 단순하지는 않은 것 같다. **김봉석은 이야기가 뻔해진 것이 "낯선 공간과 캐릭터이다 보니 이야기의 수용성 측면에서 기본적으로 (주류 관객이 좋아하는) 진부한 얘기로 갈 수밖에 없는 한계"라며 변호했**

다. 엄청난 비용의 새로운 테크놀로지를 론칭하는 데 어느 정도 불가피한 선택이라는 뜻일 것이다. 그런데 이 서사의 불가피성은 그 테크놀로지 외부(예컨대 비용의 안정적 회수 필요라는 환경적 한계)가 아니라 그 내부로부터 비롯된 건 아닐까.(중략)

우리는 변형·변태의 모티브를 서사 안으로 끌어들인 과거의 영화들을 알고 있다. 프랑켄슈타인, 늑대인간 등이 등장하는 호러, 혹은 데이비드 린치와 데이비드 크로넨버그의 영화들, 그리고 무엇보다 최근의 슈퍼 히어로 영화들. **그런데 이들 서사에서 변형·변태는 대개 실패한 과학 실험**(〈프랑켄슈타인〉, 〈플라이〉, 〈헐크〉), **돌연변이**(〈엑스맨〉), **사고 혹은 외상적 사건**(〈스파이더맨〉, 〈배트맨〉) **등의 불행한 사건 혹은 우연에서 시작되고, 주인공들은 초인·괴물로의 변신의 대가로 고립과 자기 유배, 정체성 혼란이라는 대가를 치른다.** 자기 안의 심연과의 조우, 타자와의 대면, 단일 정체성 붕괴에 직면 등 그것을 어떻게 부르든 이 영화들은 그 순간의 공포와 불안을 그 매혹과 함께 어떤 층위에서든 새겨 놓고 있다. 그런 점에서 이들은 20세기 영화의 자장 안에 놓여 있을 것이다.

〈아바타〉와 비교하기 위해선 디지털 체험과 연관된 변형·변태의 모티브를 채용한 최근의 영화들을 떠올리는 것이 유용할 것 같다. 먼저 10년 전에 만들어진 〈매트릭스〉. 절대화한 권능의 인공 지능이 만들어 낸 일상적이고 화사한 가상 현실 매트릭스, 냉기와 궁핍과 죽음의 위협으로 가득한 실제 현실 사이를 앤더슨·네오 일행은 오간다. 이 영화의 아이러니는 컴퓨터 프로그래밍으로 가능해진 가상 현실에서의 네오 일행의 천상의 무용과도 같은 액션이 이 영화의 감각적 쾌락을 제공하지만, 그 액션이 결국 음습한 실제 현실로 되돌아오기 위한 사투라는 점이다.(중략)

또 다른 영화는 〈아바타〉와 연관되어서는 잘 말해지지 않는 〈트랜스포머〉다.(중략) 외계 물체인 오토봇은 독립적인 인격체라 해도 궁극적으로 지구인 주인공의 의지에 종속되어 변형된다는 점에서 양자는 '유저-아바타'의 관계와 유사하다.(중략)

당겨 말한다면 디지털 시대의 할리우드 영화는 이제 '트랜스포머'라는 기계 형상의 동화적 영웅, 그리고 '아바타'라는 유기체 형상의 동화적 영웅을 갖게 되었다. 두 영화의 차이점은 영웅의 형상에만 있지 않고 영웅의 위상에도 있다. 전자는 주인공의 친구이지만, 후자는 주인공 자신이 된다. 이것은 단순히 독립적인 인격체인가 아니면 일체인가라는 서사적 차원의 문제로 끝나지 않는다. 언급을 미뤄 온 '실감'의 문제를 말할 차례가 되었다. 반복건대 〈아바타〉는 이야기에서도, 캐릭터에서도, 공간 구성에서도, SF적 상상력에서도 새롭지 않다.(후략)

위의 글은 〈아바타〉(2009)에 관한 비평이다. 비평과 프리뷰·리뷰의 공통점은 영화에 대한 작성자의 평가를 명료하게 드러낸다는 점이다. 이 글은 첫 문단에서 본격적인 3D 영화로 흥행 돌풍을 일으킨 〈아바타〉가 '새롭다'는 이유로 격찬받고 있는 것에 대한 비판적인 견해를 제시한다. 비평이 이론서나 소논문과 유사한 점은 이 글을 읽는 독자가 해당 영화를 이미 감상했으며, 영화 전반에 대한 적극적인 관심을 갖고 있고, 전문적인 분석을 기대한다고 상정한다는 점이다. 따라서 이 글은 〈아바타〉에 대한 개괄적인 정보를 주는 대신, 이 영화의 스토리 라인이 '수정주의' 서부극에서 볼 수 있는 대안적 세계와의 조화로운 공존에 기반을 두고 있다는 견해에 대한 비판으로 논의를 시작한다.

'수정주의 서부 영화'는 아메리카 원주민에 대한 인종 차별주의적이고 적대적인 태도를 보였던 '서부 영화(웨스턴)' 장르에서 파생된 것으로, 아메리카 원주민의 삶을 자연 그대로의 것으로 칭송하고 인류가 회귀해야 할 정신적인 것으로 묘사하며 화합적인 귀결에 이르려는 서부 영화를 말한다.

위 글에서는 그러한 태도에 이미 아메리카 원주민을 타자화하는 차별주의적 태도가 숨어 있음을 지적한다. '수정주의'라는 용어도 부적절하지만, 그것을 적용한다고 해도 〈아바타〉의 서사는 지지할 만한 가치가 없다고 주장한다. 그리고 이 영화의 서사가 진부한 요소들의 결합과 이분법적인 선악 구조로 되어 있음을 비판함으로써 영화 내부의 서사적 차원에도 가치를 부여하기 어렵다고 평가한다.

비평은 게재되는 지면의 특성상 소논문에 비해 현실 반영적이다. 영화가 개봉되거나 이슈화된 시기에 발표되고, 같은 시기에 발표된 다른 비평들과 소통할 수 있다는 의미다. 한 영화에 대해 비평적 이견(異見)이 존재할 수 있고, 지면을 통해 서로의 논의를 반박하거나 보완할 수 있다. 이 글 역시 기존의 긍정적인 평가를 인용하고, 이를 정면으로 반박함으로써 논지를 분명하게 하고 있다. 이와 같은 반박은 분석을 통한 논거 제시를 통해 설득력을 얻을 수 있다.

비평의 독자는 영화를 감상한 대중 가운데 영화 전문 기사를 찾아볼 만큼 적극적인 관심을 가진 이라고 상정한다. 그러므로 이 글은 〈아바타〉뿐 아니라 이 영화를 이해하기 위해 참고할 만한 다른 작품들과 장르적 지식을 자유롭게 활용하고 있다. 글쓴이는 이 작품이 가진 볼거리적 차원에서의 새로움 역시 '변형' 모티프를 사용했던 기존의 작품들에 비해 떨어진다고 보고 있다. 특히, 〈매트릭스〉(1999)가 주었던 세계관적 충격에 미치지 못할 뿐 아니라 좀 더 단순한 서사 구조였던 〈트랜스포머〉(2007)가 적어도 영웅의 주체를 외부 세계의 존재에게 이양했던 것과 달리 인간이라는 자아로부터 전혀 벗어나지 못하고 있음을 지적하고 있다.

프리뷰에서는 감독과 기술진 혹은 배우의 전작들을 간략하게 언급함으로써 관객의 관심을 환기하는 수준에 그치는 것과 달리, 비평에서는 비평가가 영화사적으로나 장르적으로 논의를 풍성하게 하기 위해 다양한 영화들을 자유롭게 차용할 수 있다. 독자의 기대 수준이 다르기 때문이다.

이처럼 영화 비평은 분석자의 평가가 좀 더 분명하게 드러나도록 쓰는 것이 보통이다. 하나의 영화 혹은 장르가 사회 안에서 어떤 의미를 갖는지, 혹은 영화 안에서 인물의 형상화가 이데올로기적으로 적합한지, 혹은 영화의 흥행 요소가 무엇이었는지를 영화 이론, 철학 사상, 윤리적 잣대를 가지고 분석하는 점에서는 논문과 유사하나 논문에 비해 형식적으로 자유롭고 문체에 개성을 드러내기도 더 쉽다.

게재되는 매체 특성상 논문이나 연구서에 비해 비교적 최근 작품들을 대상으로 분석을 하는 경우가 대부분이다. 분석자의 견해와 충돌하는 다른 비평문을 대상으로 하여 반박하기 위해 혹은 다른 관점에서 접근하기 위해 다른 비평문이나 기사 글들을 다양하게 인용하여 논의할 수 있다. 인용을 할 때 매체의 특성에 따라 각주나 참고 문헌과 같이 형식을 갖춘 인용 대신에 필자와 글의 제목, 평가 등을 명시하는 것으로 간략하게 대체하기도 한다.

④ 수업 제출용 보고서

이 책의 예상 독자는 대학 교육과정에서 영화와 관련된 보고서를 작성하고 싶은 (혹은 해야만 하는) 학생들이다. 대학 내의 다양한 수업에서 영화 관련 보고서를 요구하고 있다. 이것은 일차적으로 영상 미디어 관련 수업의 수가 증가했기 때문이기도 하지만 다른 한편으로는 영화가 다양한 학문 영역과 접합하여 논의할 만한 소재, 주제, 기술을 담고 있기 때문이다. 교수자는 학생들에게 전달한 지식을 적용할 수 있는 계기로 영화를 활용하기도 하고, 학생들의 흥미를 유발하여 교육 과정에 더 몰입할 수 있도록 하기 위하여 영화 과제를 요구하기도 한다.

본격적인 분석을 위해 준비해야 할 사항들과 구체적인 방법이 앞으로 이 책이 다룰 내용이다. 여기서는 보고서 작성 시 고려해야 할 기본적인 절차와, 제출할 때 학생들이 가장 빈번하게 하는 실수 몇 가지를 지적하고 넘어가려고 한다.

보고서 작성의 기본 절차

첫째, 수업 제출용 보고서 작성에서 가장 먼저 할 일은 어떤 수업에서 무엇을 목적으로 요구한 과제인지를 파악하는 일이다. 수업에 따라서 스스로 분석 작품을 선정해야 할 경우가 있고, 교수자가 분석 작품의 대상을 한정하는 경우가 있다. 전자의 경우에는 보고서의 목적을 파악한 뒤 논문이나 관련 자료 등을 참고해서 효과적인 분석 대상을 선정하는 작업이 매우 중요하다. 이 작업이 지난하게 느껴질 수 있으나 작품을 선정하는 과정에서 분석자의 관점과 분석 방법을 정리해 나갈 수 있다는 장점이 있다. 후자의 경우 대상 선정은 용이할 수 있으나 같은 작품을 대상으로 수많은 학생들이 보고서를 작성한다는 점을 염두에 둘 필요가 있다. 작품에 대한 작성자만의 개성적인 시각과 깊이 있는 분석이 없다면 다른 학생들의 보고서와 변별성을 가질 수 없기 때문이다.

둘째, 작품을 선정한 이후에는 분석 방법을 정해야 한다. 작품에 대한 기존의 평가를 읽어 보고, 본인이 그 견해에 동의하는지 반대하는지 스스로 점검해 보도록 한다. 특히 인상적인 영화의 기법이나 서사적 요소 그리고 주제를 정리해 보고, 관련 이론서들을 참고하여 분석 방법의 틀을 세운다. 앞에서 제시된 세 종류의 글은 수업 제출용 보고서의 참고 문헌이 될 수 있는 글들이다.

셋째, 이론적인 틀을 세웠다면 분석의 가설을 제시하고, 이를 작품 분석을 통해 구체적으로 증명해야 한다. 본론은 크게 세 장으로 분절하고 각 장에서 세운 중심 가설들을 작품 내 장면, 인물, 사운드, 편집에 관한 실질적인 분석을 통해 뒷받침할 수 있어야 한다. 마지막으로 결론에서는 본론의 논의들을 정리하고, 연구의 의의를 다시 한번 밝혀 적으면 된다.

보고서 작성 시 흔히 하게 되는 실수

첫째, 많은 학생들이 자신의 보고서에 논점이 드러나지 않는 성의 없는 제목을 붙인다. 비단 영화평뿐 아니라 모든 글에서 제목은 글의 얼굴이다. 수업에서 영화평과 관련하여 과제를 부여할 때 작품이나 접근 방식을 한정해 줄 때가 있다. 예를 들어, 분석 대상을 봉준호 감독의 〈괴물〉로 한정하여 과제가 주어지면, 보고서를 제출하는 학생들의 반 이상이 '〈괴물〉에 대하여' 혹은 '봉준호의 〈괴물〉'을 최종 제목으로 선택하곤 한다.

접근 방식을 제한했을 때도 비슷한 양상이 벌어진다. '한국 영화의 오리엔탈리즘'이라는 키워드를 주고 작품을 선정하여 분석하라고 할 때 많은 학생들이 '한국 영화의 오리엔탈리즘'을 주 제목으로 삼고, 부제 식으로 자신이 선택한 작품 제목을 부연한다. 이와 같은 제목 작법은 요리 쇼에 출전한 참가자가 소고기를 재료로 새로운 요리를 선보이면서 요리 이름을 '소고기 요리'라고 명명하는 것과 마찬가지다.

제목은 그 글이 어떤 지향과 관점을 가지고 대상에 접근하고 있는지를 한 눈에 보여 주는 장치다. 그런데 제목이 대상 그 자체라면, 글쓴이는 그 대상에 대해 한 번도 생각을 제대로 정리해 보지 않았다고 고백하는 것이나 다름없지 않은가? 그래서 제목은 글을 구상할 때 미리 작성하기도 하지만 글을 마무리 지은 다음 다시 손을 보는 것이 좋다. 모든 글은 방향과 관점이 명확하게 드러나는 좋은 제목이 있을 때 더 매력적으로 다가온다.

둘째, 줄거리를 객관적 정보라고 착각한다. 작품의 줄거리 정리는 보고서 작성의 핵심이다. 그러나 많은 학생들이 영화 보고서를 작성할 때 포털 사이트에 기재된 줄거리를 그대로 복사해서 가져온다. 제목, 캐스팅, 개봉일처럼 줄거리도 영화에 부연된 하나의 정보라고 오인하기 때문에 벌어지는 일이다. 한 포털 사이트의 영화 〈괴물〉에 대한 줄거리를 살펴보자.

예시 | 줄거리

햇살 가득한 평화로운 한강 둔치 아버지(변희봉)가 운영하는 한강 매점, 늘어지게 낮잠 자던 강두(송강호)는 잠결에 들리는 '아빠'라는 소리에 벌떡 일어난다. 올해 중학생이 된 딸 현서(고아성)가 잔뜩 화가 나 있다. 꺼내 놓기도 창피한 오래된 핸드폰과, 학부모 참관 수업에 술 냄새 풍기며 온 삼촌(박해일) 때문이다. 강두는 고민 끝에 비밀리에 모아 온 동전이 가득 담긴 컵라면 그릇을 꺼내 보인다. 그러나 현서는 시큰둥할 뿐, 막 시작된 고모(배두나)의 전국 체전 양궁 경기에 몰두해 버린다.

그곳에서 괴물이 나타났다. 한강 둔치로 오징어 배달을 나간 강두, 우연히 웅성웅성 모여 있는 사람들 속에서 특이한 광경을 목격하게 된다. 생전 보도 못한 무언가가 한강 다리에 매달려 움직이는 것이다. 사람들은 마냥 신기해하며 핸드폰, 디카로 정신없이 찍어 댄다. 그러나 그것도 잠시… 정체를 알 수 없는 괴물은 둔치 위로 올라와 사람들을 거침없이 깔아뭉개고, 무차별로 물어뜯기 시작한다. 순식간에 아수라장으로 돌변한 한강변. 강두도 뒤늦게 딸 현서를 데리고 정신없이 도망가지만, 비명을 지르며 흩어지는 사람들 속에서, 꼭 잡았던 현서의 손을 놓치고 만다. 그 순간 괴물은 기다렸다는 듯이 현서를 낚아채 유유히 한강으로 사라진다.

어딘가에 있을 현서를 반드시 찾아야 한다. 갑작스런 괴물의 출현으로 한강은 모두 폐쇄되고, 도시 전체는 마비된다. 하루아침에 집과 생계, 그리고 가장 소중한 현서까지 모든 것을 잃게 된 강두 가족… 돈도 없고 빽도 없는 그들은 아무도 도와주지 않지만, 위험 구역으로 선포된 한강 어딘가에 있을 현서를 찾아 나선다.[9]

예시에서 볼 수 있듯이 포털에서 제시된 〈괴물〉의 줄거리는 상당히 제한적이다. 영화의 기본적인 설정에 해당하는 서두를 다루되, 서사의 주요 요소를 체계적으로 정리한 것이 아니라 몇몇 한정된 장면을 스케치하듯 묘사하고 있다. 게다가 갈등의 절정과 결말 부분은 의도적으로 생략되어 있다. '어딘가에 있을 현서를 반드시 찾아야 한다'와 같이 주어가 생략된 감상적 서술이 빈번하게 등장해 객관적 정보 제공을 방해한다. 뿐만 아니라 '생전 보도 못한'이나 '돈도 없고 빽도 없는'처럼 보고서에는 적당하지 않은 문체와 의미 없는 말줄임표 등으로 인해 글의 짜임

9 포털 사이트에서 제공하는 〈괴물〉의 줄거리.(http://movie.naver.com/movie/bi/mi/basic.nhn?code=39841)

새가 떨어진다.

보통 포털 사이트에 올라와 있는 줄거리는 영화 홍보사에서 작성한 언론 홍보용 배포 자료를 그대로 옮겨놓은 경우가 많다. 그러므로 당연히 줄거리는 관객의 흥미를 유발할 수 있는 선에 조정되어 있다. 대부분 중요한 갈등 상황이나 결말에 대해서 기술하지 않는다. 영화 상영 이후에도 이 정보는 거의 수정되지 않는다. 따라서 포털 사이트에 등재된 줄거리 정보는 대체로 영화의 기본적인 설정과 흥미를 유발할 만한 요소들을 자극적으로 기술하는 데 그치기 마련이다. 이런 줄거리 정보를 무단으로 가져오는 것은 윤리적으로 문제가 되기도 하지만, 완성도 측면에서 봤을 때도 보고서에서 유용하게 활용되기를 기대하기 어렵다.

보고서에서 작품 줄거리는 객관적인 자료로 인용되어야 할 대상이 아니다. 원고 작성의 목적과 분석의 관점에 따라 작성자의 의도가 드러나게끔 스스로 정리하여 기술해야만 하는 항목이다. 애초에 어떤 보고서에나 적용될 수 있는 객관적인 줄거리란 존재하지 않는다. 객관적인 서사적 정보들은 있지만, 그것을 어떤 방식으로 정리하여 전달할지와 그 가운데 어떤 점에 주목해서 보아야 하는지는 글을 쓰는 사람이 판단해서 결정해야 하는 중요한 요소기 때문이다.

셋째, 참고 문헌에 지나치게 의존하거나 인용의 출처를 밝히지 않는다. 참고 문헌은 말 그대로 참고의 대상일 뿐, 이를 무단 도용해서는 안 된다. 이는 단지 영화평과 관련된 문제가 아니라 모든 보고서에 일반적으로 적용되는 글쓰기 윤리의 문제다. 보고서를 작성할 때 타인의 글을 참고하는 것은 부끄러운 일이 아니다. 오히려 연구에 있어서 가장 기본이 되는 작업이라고 할 수 있다. 참고한 내용을 따옴표로 명확하게 표기하고, 각주나 미주의 형태로 그 출처를 밝혀 적으면 된다.

보고서의 경우에는 이런 기본적인 연구 윤리가 대체로 지켜지는 편이나, 발표 자료를 준비할 때 이와 같은 윤리 의식이 해이해지는 경우가 많다. 한번은 수업 시간에 필자의 글을 도용한 발표문을 들어야 했던 경우도 있었다. 그 발표를 맡은 학생은 자신이 참고한 글의 정확한 출처조차 알지 못한 채 인터넷에서 복사를 해 온 탓에 원저자 앞에서 대독을 한 셈이 되었다. 인터넷에 있는 자료를 자신의 글에 충분히 활용할 수 있다. 하지만 그것은 원문의 출처가 명확하게 제시된 경우에 한해서다. 그리고 인용한 글은 글쓴이의 것이 아니므로 인용하게 된 이유와 인용구에 대한 분석이 꼭 함께 제시되어야 한다. 참고 문헌은 참고 대상일 뿐이므로 자신이 말하고자 하는 바를 온통 타인의 글에만 의지해서는 안 된다.

넷째, 분석 대상에 대한 평가를 주저하거나 감독의 연출 의도나 평단의 평가를 지나치게 의식한다. 작품, 감독 혹은 기존 분석의 권위에 너무 기죽을 필요는 없다. 이것은 이해 중심의 교육을 받아 온 한국 학생들에게 보편적으로 나타나는 현상

중 하나다. 자기 관점이 드러나는 작품 분석이나 평가에 매우 소극적이며, 기존 분석을 정리하는 데 그치거나 흥행 성적이나 수상 내역을 작품 평가의 기준으로 삼는 경우가 많다. 그래서 보고서의 가장 핵심이 되어야 할 작품에 대한 본인의 분석은 '개인적인 의견'이라는 수식을 달아 마치 무시해도 좋은 것인 듯 의미를 제한하고 가치를 축소해 버린다.

대학 교육과정 내에서 보고서를 작성하는 가장 근본적인 목적은 서툴고 거친 글이라도 작성자 자신의 분석을 제시하는 데 있다. 게다가 세상의 모든 글은 '개인적인' 의견에서 시작한다. 아무리 권위 있는 이론가나 저명한 평론가의 글이라도 그의 전제와 분석은 지극히 '개인적인' 것이다. 그 '개인적인' 것을 얼마나 설득력 있게 논리적으로 제시하는가에 따라 다수로부터, 혹은 원하는 전문가 그룹 안에서 동의를 얻어 낼 수 있는지 여부가 달라지는 것이다.

대학은 그런 냉혹한 평가에 던져지기 전에 자유로운 사유를 연습하기에 적합한 교육 기관이다. 작품을 만든 이는 감독이지만 그가 작품의 모든 의미를 결정할 수 있는 것은 아니다. 비평은 관객이 작품에 경의를 표할 수 있는 가장 좋은 방법이다. 감독의 의도를 아는 것은 중요하지만 그것이 절대적인 기준이 될 수는 없으며, 앞서 말했듯이 유명한 평론가나 학식이 높은 연구자의 해석 역시 하나의 '개인적인 의견'일 뿐이다. 그러니 자신감을 갖고 본인의 글쓰기를 시작하라.

04

영화 분석을 위해 무엇을 준비해야 하는가?

1. 영화를 보라

영화 분석을 하기 위해 가장 먼저 해야 할 일은 당연히 해당 영화를 보는 일이다. 이때 유념해야 할 것은 분석해야 할 작품에 대한 정보를 최대한 접하지 않은 채 보는 것이 자신만의 관점을 확보하는 데 유리하다는 사실이다. 영화에 관한 사전 정보를 너무 많이 취합한 뒤 영화를 보게 되면 서사를 쉽게 이해할 수 있을지는 몰라도 그 정보를 제공한 이의 관점에 편향되어 영화를 감상하게 된다. 앞서 말한 것처럼 단순히 줄거리를 정리한 것이라도 이미 거기에는 그것을 기술한 이의 관점이 반영되기 마련이다. 뿐만 아니라 지나친 사전 정보는 영화가 구현하고자 하는 극적 긴장감이 적절하게 성취되었는지에 대한 판단을 불가능하게 만들기도 한다.

극단적인 예를 들면, 〈식스 센스〉(1999)를 감상할 때 주인공이 이미 살아 있는 존재가 아니라는 것을 알고 보는 것과, 영화가 의도한 대로 그 정보를 영화의 결말에 이르러 인지하게 되는 것은 감상의 만족도에 있어 대단히 결정적인 차이를 유발한다.

기회가 닿는다면 분석 대상으로 삼은 영화를 최대한 반복해서 보는 것이 좋다. 처음에는 편한 마음으로 영화 자체가 주는 쾌미를 즐길 필요가 있는데, 영화를 판단하는 잣대는 여러 가지일 수 있다. 그러니 영화를 처음 보았을 때의 감흥이나 오락적 효과를 영화의 완성도를 평가할 때 꼭 배제할 필요는 없다. 과도한 정보에 의해 제한되지 않은, 순수한 감상의 경험도 중요하다.

이때 유념해야 할 점은 이 영화를 가지고 어떻게 글을 쓸 것인가라는 문제의식을 계속해서 마음에 품고 있어야 한다는 것이다. 그런 태도를 유지하면서 영화를 보면 영화가 끝날 때쯤에는 영화의 서사 정보나 형식적 특성에 대해 한두 가지 이상의 질문이 떠오를 것이다. 영화를 본 뒤 시간을 두어 질문에 대한 답을 스스로 구하고 그것을 해결하기 위해 다시 영화를 본다면, 이전에 보지 못했던 디테일들이 눈에 들어오기 시작할 것이다. 특히 결말을 알고 다시 보았을 때 처음에는 보지 못했던 복선을 발견할 수도 있고, 서사적 결함이 눈에 확연히 드러날 수도 있다. 대체로 한 편의 영화가 제공하는 정보는 언어적으로나 시청각적으로 무궁무진하기 때문에 반복하여 볼수록 더 많은 정보를 발견할 수 있다.

2. 메모를 하라

영화를 보면서 메모할 부분은 크게 세 가지다.

첫 번째는 인물의 이름을 비롯한 서사적으로 중요한 사실들 그리고 인상적이거나 결정적인 구실을 하는 대사 등의 언어적인 요소들이다. 요즘에는 인터넷을 통해 영화에 대한 정보를 찾아 볼 수 있으므로 인물의 이름을 메모하는 것을 별로 중요하게 생각하지 않을 수 있다. 그러나 영화상의 이름과 크레디트의 이름이 일치하지 않는 경우가 있다. 혹은 영화 속에서 한 번도 등장하지 않았던 인물의 이름이 크레디트에만 등장하는 경우도 있으며 이름, 별명, 애칭 등 여러 가지 호칭으로 불렸던 이름이 크레디트에서는 하나의 이름으로 기재되기도 한다. 작은 부분이지만 작품 안에서 주인공이 호명되는 방식도 영화 분석에 유용한 단초가 되기도 한다.

예를 들면, 〈공정 사회〉(2012)에서 딸을 성폭행한 범인의 뒤를 쫓는 엄마(장영남)인 주인공은 영화 내내 한 번도 이름이 명시되지 않는다. 그녀는 전 남편, 경찰 등에게 도움을 요청하지만 그들은 모두 그녀를 '아줌마'라고 부르며 무시한다. 엔딩 크레디트에도 그녀는 '아줌마'로 명기되어 있다. 이는 영화의 영문 제목(AZOOMA)이기도 하다. 영화에서의 이러한 호명 방식과 그것을 문자적으로 못 박는 행위는 연출자의 의도를 드러낸다. '아줌마'로 호명되는 한국의 수많은 여성들이 일상적으로 겪는 젠더 권력에서의 불평등한 지위와 공권력의 부당한 대우를 호칭을 통해 강조하고 있는 것이다. 주인공을 하나의 이름으로 특정하지 않음으로써 그것이 권력이 없는 중년 여성들에게 가해지는 일상적인 폭력임을 보여 준다. 〈옥자〉의 거대한 식용 돼지는 통상적으로 사람에게 사용되는, 투박하고 오래된 정서가 느껴지는 '옥자'로 명명되었다. 이를 통해 관객은 감독이 그 존재가 인간과 다름없는 생명의 존엄성을 가지고 있다는 사실을 강조하려 했음을 알 수 있다. 이처럼 영화 내에서 호칭이나 이름은 연출자가 인물의 정체성을 확고하게 드러내기 위해 활용할 수 요소다. 우리는 이런 특이 사항들을 놓치지 않고 분석에 활용할 필요가 있다.

대사는 서사 진행을 위한 가장 기본적인 요소며, 영화의 주제를 파악하는 데 결정적인 역할을 한다. 우리는 작품의 주제를 압축할 뿐 아니라 인생의 통찰을 담은 대사들을 얼마나 많이 접했는가? 감상 중 본인의 관점에서 중요하게 다가오는 대사들을 기록해 둘 필요가 있다. 해당 영화의 대본을 구하는 일이 생각보다 쉽지 않고, 대본에 기록된 것이 현장에서 수정되어 최종 영상과 다른 경우도 많기 때문이다. 요즘은 인터넷에 명대사를 기록하는 코너들이 있지만 원하는 대사를 바로 찾아내기가 상당히 어렵다. 수많은 사람들이 인용하는 과정에서 오기되는 경우도 상당히 많기 때문에 스스로 확실하게 기록해 둘 필요가 있다.

두 번째는 언어 외적인 형식적 특성들이다. 영화는 시청각적 요소들이 종합적으로 제시되는 종합 예술이다. 그러므로 색감이나 빛의 활용, 촬영상의 특징, 의상이나 미술에 있어서의 특이 사항, 음향 효과 혹은 배경 음악의 활용이나 배우의 목소리 등에 대해서도 기록해 둘 필요가 있다. 이와 같은 사항을 적어 두기 위해서는 기본적으로 영화 촬영과 분석에 사용되는 영화 용어들을 알아 두어야 한다. 이를 위해 루이스 자네티(Louis D. Giannetti)의 『영화의 이해』나 데이비드 보드웰(David Bordwell)과 크리스틴 톰슨(Kristin Thompson)의 『영화 예술』과 같은 영화 이론 개론서를 읽어 두는 것이 도움이 된다.

영화를 전공하는 학생이 아닌 경우 전문 용어를 알아 두는 것이 부담스럽거나 불필요하게 느껴질 수 있으나, 영화 용어를 미리 익혀 두면 장황한 설명을 덧붙일 필요 없이 경제적인 글쓰기가 가능해지고, 영화 미학적 관점에서 대상에 접근할 수 있는 시각도 확보할 수 있게 된다. 글짓기를 위해 단어를 익히고 계산을 하기 위해 숫자를 익히듯 영화를 분석하기 위해서는 영화 용어를 익혀야 한다.

세 번째는 영화를 보면서 떠오른 자신의 단상이다. 영화를 보며 생긴 문제의식이 때로는 정돈된 형태로 전개되기도 하지만 대체로는 두서없이 떠오른다. 키워드나 질문, 혹은 화면에서 생각난 이미지 등 어떤 것이든 영화를 보면서 떠오른

것들을 그때그때 적어 두면 나중에 초고를 작성할 때 많은 도움이 된다. 그러나 이 단상들을 모두 활용할 필요는 없다는 사실 역시 유념해야 한다. 한 편의 글에 들어갈 수 있는 내용은 한정적이고, 너무 많은 아이디어는 그것을 유기적으로 연결할 때 오히려 글의 논지를 흐리게 될 수도 있기 때문이다. 떠오른 생각 중에서 마음에 드는 것이 있다고 하더라도 작성할 글이 기반을 두고 있는 큰 틀에서 너무 멀리 벗어난 것이라면 다른 글을 위해 잠시 유보해 두는 것이 좋다.

영화를 감상하면서 작성한 메모는 곧바로 정리해 두어야 한다. DVD나 파일을 통해 영화를 감상할 경우에는 원할 때마다 영화를 멈추고 메모하는 것이 가능하지만, 영화관에서만 볼 수 있는 개봉작을 감상할 때에는 어둠 속에서 휘갈겨 쓸 수밖에 없다. 기억이 선명할 때 바로 정리해 두지 않으면 어렵게 정리해 둔 메모를 활용할 수 없게 되기도 한다.

3. 대상 영화에 대한 지식을 쌓으라

영화에 대한 자신만의 관점을 정립하고, 글을 대략적으로 어떻게 전개할 것인가를 결정했다면 이제 영화에 관한 정보들을 모아야 한다. 영화 자체에 관련된 정보로는 제작과 관련된 비화, 감독 혹은 주연 배우의 필모그래피, 원작 등이 있을 수 있다. 또한 대상 영화를 영화사적 맥락과 관련지어 설명하면 더 효과적인데, 영화가 속한 장르의 특징이나 감독이 속한 영화사적 조류 혹은 감독이 존경하거나 사사받은 영화적 스승 등을 알아 두는 것도 도움이 된다. 마지막으로 같은 영화에 대해 기존의 평론가나 기자 혹은 연구자들의 평가가 어떠했는지를 알아보고 관련 비평이나 논문을 숙독하는 것이 좋다. 이를 통해 자기 글의 논지를 훨씬 풍요롭게 만들 수 있으며, 의도하지 않은 표절이나 이미 상식이 되어버린 논의를 반복하는 실수를 예방할 수 있기 때문이다.

자기의 논의가 기존의 평가와 상반된다고 하더라도 권위에 눌려 주장을 접을 필요는 없다. 자신이 영화의 서사적 정보들을 완전히 오독한 것은 아닌지 확인해 보면서 상반된 주장에 대해 어떻게 반론을 제기할 것인지를 준비하면, 더 참신하고 의미 있는 글을 쓸 수도 있기 때문이다. 반대로 자신의 논지와 유사한 글이 있더라도 글쓰기를 포기할 필요는 없다. 전체적인 시각은 비슷할지라도 구체적인 논의를 진행하는 과정에서 세분화된 다른 견해를 제시할 수 있다. 기존의 논의를 인용하면서 그보다 심화된 분석을 보여 줄 수도 있다. 어떤 글이든 써보기 전에는 어떤 식으로 완성될지 알 수 없으므로 일단 작성해 보는 것이 중요하다. 글을 쓰면서 생각이 정리되고 논리가 확정되어 본래 의도했던 것과 다른 형태의 글이 탄생할 가능성이 무궁무진하기 때문이다.

다음은 영화평을 쓸 때 자료를 얻기 위해 참고하면 좋을 만한 사이트들이다.

인터넷무비 데이터베이스(IMDB)
http://www.imdb.com

극장 개봉용 영화부터 TV용 영화까지 대부분의 영화, 특히 미국 영화에 관한 일반적 정보를 얻을 수 있는 사이트다. 출연진은 물론 제작, 연출, 스태프, 수상 관련 정보들이 보기 쉽게 잘 정리되어 있다. 줄거리, 영화 광고편과 네티즌 리뷰, 별점을 볼 수 있고 티켓 예매까지 할 수 있는 영화 포털 사이트다.

한국영상자료원 영상도서관
https://www.koreafilm.or.kr/library/main

한국 영화와 관련된 자료를 찾기 위해서는 한국영상자료원 사이트를 이용하는 것이 좋다. 한국영상자료원은 한국 영화 자료의 복구와 데이터베이스 구축을 위해 여러 가지 사업을 진행해 왔다. 문헌상으로만 존재하는 고전 필름들을 국내외로 발굴하고, 기존의 필름으로 촬영된 작품들을 디지털로 복원하며, 시나리오와 영화 관련 자료들을 보관하고 열람할 수 있도록 하고 있다. 온라인상에서도 자료를 검색하고 열람할 수 있지만, 실제로 방문하면 저작권과 관련하여 외부 반출이 금지된 영화는 물론 시나리오, 영화 관련 기사 등을 포함한 풍부한 자료들을 감상하고 참고할 수 있다. 특히 대중에게 널리 알려지지 않았거나, 배급망이 없어서 사후에 파일 형태로 구하기도 어려운 독

립 단편 영화의 디지털 자료가 다양하게 등록되어 있어 감상이 용이하다.

로튼 토마토(Rotten Tomato)

https://www.rottentomatoes.com/

영화 및 TV 프로그램에 관한 기본적인 설명과 영미 매체에 기고하는 평론가들의 평가를 정리해 둔 사이트다. 호평은 '잘 익은 토마토'로, 혹평은 '썩은 토마토'로 표현해 한 눈에 알아보기 쉽게 정리해 두었다. 평문에서 핵심이 되는 문장을 뽑아 내어 평가를 볼 수 있게 편집해 놓았고, 해당 원문이 게재된 사이트와 링크되어 있어 클릭 한 번으로 전문을 볼 수도 있다. 한눈에 여러 매체의 평론들을 살펴볼 수 있고, 관심이 가는 평을 쉽게 찾아볼 수 있다는 장점이 있다.

인터넷 영화대본 데이터베이스

http://www.imsdb.com/

영어권 영화의 대본들을 무료로 검색해서 볼 수 있다. 시나리오는 영화의 청사진이므로, 시나리오를 정확하게 파악한 뒤에 영화를 보면 더 쉽게 이해할 수 있다. 물론 시나리오가 그대로 영화화되지 않을 수도 있는데, 만약 그러한 수정 과정이 드러나는 (완성된 영화와 다른) 초고 시나리오라면 영화화 과정에서 연출자 및 제작 자본이 원하는 방향이 무엇이었는지를 추정해 볼 수도 있다. 무엇보다 외국 영화의 경우 번역된 대사를 그대로 받아들이기보다 원본 대사와 대조하면서 살펴보면 영화의 내용을 정확하게 이해할 수 있다.

사이트 앤 사운드(Sight & Sound)
http://www.bfi.org.uk/news-opinion/sight-sound-magazine

대체로 유럽 영화계는 상업 자본 이외의 다양한 프로그램을 통해 한국에서 '예술 영화/다양성 영화'라고 불리는 영화들을 지원하고 있다. 1932년부터 영국영화협회에서 발행된 영화 전문지인 〈사이트 앤 사운드〉의 온라인 사이트에서 유럽권의 영화들에 관한 정보를 다양하게 접할 수 있으며, 개봉 영화뿐 아니라 영화의 일반적 미학에 관련된 수준 높은 리뷰도 읽어 볼 수 있다.

씨네21
www.cine21.com

1995년 창간 이후 현재까지 발행되는, 이제는 국내에서 유일하게 발간되는 오프라인 매거진을 가진 잡지 사이트다. 대중적으로 큰 호응을 받은 영화나 배우에 관한 특집 기사, 한국 영화 산업과 관련된 기획 기사뿐 아니라 일간지 영화란에 비해 깊이 있는 평론을 위한 지면이 있어 일반 대중과 전문가 독자들의 요구에 부응하고 있다. 특히 한국 극장 개봉 영화들의 타임 라인에 맞춘, 심화된 논의를 참고하고 싶을 때 활용할 수 있다.

인디와이어(Indiewire)
http://www.indiewire.com/

미국의 인터넷 영화 잡지로, 웹사이트에서는 영화부터 TV까지 아울러 다양하게 다루고 있고, 특히 헐리우드 영화에 비해 정보를 얻기 어려운 미국 독립 영화와 관련된 기사들이 많다.

이 외에도 '위키피디아'에서는 영화에 관련된 사실적 정보 외에 제작 비하인드 스토리나 감독이나 배우들의 개인사, 배급과 관련된 일화, 개봉 이후 평가 등을 참고할 수 있다. 화제작일수록 상당히 자세한 내용들을 출처와 함께 제시하고 있어서 정보를 얻는 데 상당히 유용하다. 한국 영화 외에 다른 국가의 영화는 해당 국가의 위키피디아를 이용하면 더 많은 정보를 얻을 수 있다.

한국 영화의 경우 '네이버 영화'에서 영화와 관련된 기본 정보와 전문가, 네티즌 리뷰와 평점을 참고할 수 있다. 또한 네이버는 '네이버 영화 백과'라는 온라인 백과사전을 편찬한 바 있는데, 이는 전문가들이 '고전'이라고 평가한 작품들을 위주로 평론가, 영화 전문 기자 등으로 구성된 필자들이 시놉시스 및 영화사적 의의, 명대사 등을 정리해 놓은 정보를 모아놓은 것이다. 논문 전문 사이트인 누리미디어(DBPIA), 한국학술정보(KISS) 등에서도 영화 관련 학술 논문들을 다운받아 볼 수 있다. 개인 회원은 유료이지만 대부분의 대학들이 기관으로 계약을 맺어 해당 학교의 도서관 사이트를 통해 구성원들이 무료로 볼 수 있도록 링크를 제공하고 있다.

이처럼 손쉽게 영화 관련 정보를 찾아 볼 수 있는 인터넷 사이트들이 많이 있다. 다만 정보를 이용할 때 유의해야 할 점은 정보의 출처를 꼭 밝혀 적어야 한다는 것이다. 다양한 정보를 활용하는 것은 필자의 부지런함을 보여 주지만, 정보를 활용하고 출처를 밝히지 않는 것은 필자의 부도덕함을 증명할 뿐이다.

4. 논점을 세우고 타당성을 검증하라

위의 절차를 거쳐 영화에 대한 일반적인 지식과 본인의 관심을 확인했다면 글을 완성하기 전에 본인이 쓸 글의 방향과 논의의 내용 그리고 타당성을 미리 확인해 보는 것이 좋다. 티모시 코리건(Timothy Corrigan)은 영화평 쓰기에 도움이 되는 작업을 다음과 같이 소개하고 했다.

- 영화에 관한 자신만의 반응이 무엇인지를 이해하라.
- 자신이 그 영화를 왜 좋아하는지, 혹은 왜 좋아하지 않는지에

대해 다른 이를 설득하라.

- 하나의 영화, 감독 혹은 독자들이 알지 못하는 그룹에 속하는 영화들에 대해 소개하거나 설명하라.
- 두 가지 이상의 영화를 비교하고 대조함으로써 이해를 도우라.
- 하나의 영화와 그것을 만들어 낸 문화나 다른 영화들에 대해서 상세하게 설명함으로써 그들 사이의 연관성을 만들어 보라.[1]

이 절차는 영화뿐 아니라 다양한 문화 콘텐츠에 관한 글쓰기에도 유용하게 적용할 수 있다. 일단 영화평을 쓰기 위해서는 글쓰는 자신이 해당 영화에 대한 관심이 있어야 한다. 글을 쓰는 사람도 관심이 없는 대상에 관한 글은 독자에게 아무런 감흥을 불러일으키지 않기 때문이다. 이때 관심은 전폭적 지지, 비판적 관심 혹은 극단적 혐오까지 다양한 스펙트럼으로 나타날 수 있다. 모든 글을 쓰는 과정은 사실 설득의 과정이다. 처음에는 독자가 글을 끝까지 읽도록 설득해

---

1 Timothy Corrigan, *A Short Guide to Writing about Film*, Pearson, 2010, p. 7. 티모시 코리건의 이 책은 한국에서 『영화 어떻게 쓸까』(이권 역, 비즈앤비즈, 2011)라는 제목으로 출간되었다. 이 책은 영화평 쓰기의 실제에 관해 꼼꼼하게 기술한 책이며, 특히 보고서 쓰기의 기본을 정교하게 다루고 있다. 미국식 대학 수업과 글쓰기를 기본으로 하고 있지만 한국 여건과 비교하며 참고할 지점이 많이 있다. 영화 환경 변화에 부응하여 새로운 정보들을 업데이트한 판본이 출간되어 왔으며, 현재 최신 버전은 2014년에 출간된 아홉 번째 에디션이다.

야 하고, 읽는 과정에서는 글쓴이의 견해를 이해하거나 그에 동의하도록 설득해야 하기 때문이다.

상황에 따라서 대상 자체를 설명하는 것보다 다른 대상과 비교·대조할 때 훨씬 수월한 경우가 있다. 예를 들어, 〈꽃잎〉(1996)을 분석할 때, 1980년 광주를 그렸지만 비교적 대중적인 서사를 택한 〈화려한 휴가〉(2007)와 비교·대조하면 그 미학적 특징을 좀 더 선명하게 제시할 수 있다. 또는 슈퍼 히어로들의 정체성을 매우 현실적인 관점에서 암울하게 그려 낸 〈언 브레이커블〉(2000)을 분석할 때, '슈퍼맨'이나 '스파이더맨'과 같은 일반적인 슈퍼 히어로물들의 특징을 설명하며 비교하면 그 차별성이 더욱 두드러진다.

작품에 관해 자신의 주장을 펼치기 전에 독자의 이해를 돕기 위한 정확한 설명과 배경 지식을 제시해야만 하는 경우도 있다. 온라인상의 갈등이 현실의 비극으로 이어지는 〈잉투기〉(2013)는 온라인 용어와 게임 커뮤니티에 대한 지식 없이는 이해하기 어렵다. 축구 경기장에 여성의 출입을 금지한 이란에서 축구 관람을 위해 분투하는 소녀의 이야기를 다룬 〈오프사이드〉(2005)의 경우 이란 사회에 대한 개괄적 설명이 영화 분석을 위한 기본적인 설명으로 전제될 수 있다. 어떤 영화들은 그것이 배태된 사회 문화적 배경을 논하지 않고는 본격적으로 영화를 분석하거나 평가할 수 없기도 하다.

티모시 코리건이 제안한 사항들을 참고하여 자신이 분

석하려는 텍스트에 어떤 설명 방식이 적합한지를 가늠해 보면, 주제 설정이나 개요 작성에 많은 도움이 된다. 이와 같은 사전 작업을 통해 자신만의 논점을 명확히 인지하고, 예상 독자들에게 전달한 내용과 설명 방법에 관해 생각해 보았다면, 다음은 영화 내적 구조와 외부 환경을 아우르는 실질적 분석으로 들어가야 할 차례다.

05

영화에서 무엇을 읽을 것인가?

1. 주제

영화를 보고 글을 쓰기 위해서 가장 중요한 것은 작품의 주제를 파악하는 일이다. 주제를 파악할 때는 영화가 표면적으로 드러내고 있는 주장을 그대로 가져와서 분석할 수 있다. 해당 작품의 주제가 장르적 규범 안에서 얼마나 잘 구현되는지를 살펴보는 것이다. 분석자는 여기에서 더 나아가 감독이 특정한 소재를 선택해 전달하려고 했던 주제가, 플롯을 통해 내용적으로 카메라 워크와 같은 기술적 장치를 통해 형식적으로 잘 뒷받침되고 있는지 평가할 필요가 있다.

예를 들어, 〈웰컴 투 동막골〉(2005)의 주제를 살펴보자. 이 영화는 한국 전쟁 당시 '동막골'이라는 상상적 공간에서 인민군, 국군 그리고 연합군이 대치 상태를 잠깐 유보하고 평화롭게 공존하는 상황을 그려낸 코미디다. 한국 전쟁을 배경을 하고 있지만 서사나 인물 구현에 있어 사실적인 관점에서 접근하기보다 코믹 영화의 장르적 특성을 활용하여 다룬 작품이다. 이 영화의 주제를 감독의 의도 그대로 파악한다면 '이데올로기적 반목을 뛰어넘는 따듯한 휴머니즘의 힘'으로 이해할 수 있을 것이다. 분석자는 감독이 제시한 주제가 영화의 형식과 내용을 통해 얼마나 잘 구현되었는지에 집중하여 분석할 수 있다. 그렇지만 다른 한편으로 감독의 주제의식을 파악하는 데 그치지 않고 평가할 수 있어야 한다. 더 나아가 제기된 주제 자체에 비판적으로 접근할 수도 있다. 예를 들면, '휴머니즘이라는 안일한 시선으로 탈(脫)역사화된 한국 전쟁'과 '코미디의 장르적 한계에 갇힌 동화적 결말'에 초점을 맞추어 접근할 수도 있는 것이다.

페르난도 메이렐레스(Fernando Meirelles)와 카티아 런드(Kátia Lund)가 공동 연출한 〈시티 오브 갓〉(2002)은 갱단이 지역 치안을 완전히 장악하여 열 살도 채 되지 않은 꼬마들까지 갱단의 일원으로 키워지는, 비참한 브라질의 현실을 다룬 소설을 기반으로 제작되었다. 이 영화는 감각적인 화면과 빠른 편집 그리고 브라질의 사회 문제를 고발한 주제 의식 때문에 2002년 칸국제영화제에서 공개되었을 때 상당한 주목을 받았다. 많은 평론가들이 스타일의 참신함과 충격적인 서사 전개에 찬사를 보냈다. 그러나 다른 한편으로는 광고 연출자 출신인 감독의 화려한 연출력과 희생자들을 지나치게 대상화하는 방식이 폭력을 미학적으로 옹호한다고 비판받는 아이러니한 결과를 낳기도 했다.[1] 브라질의 폭력적인 과거를 보여 주려고 했던 본래의 목적과 달리 이 영화의 카메라워크는 폭력을 미화하고, 희생자들의 삶을 감상적으로 동정하는 데 그치고 만 것이다.

이처럼 영화가 원래 전달하려고 했던 주제와 실제 전달되는 주제 사이에는 간극이 존재할 수 있다. 영화에 대한 분석적인 글을 쓰기 위해서는 두 가지 모두를 파악해야 한다. 감독이 전달하고자 하는 주제가 무엇인지를 파악하는 것이 분석의 기본이다. 이것은 주로 소재 선정과 스토리 그리고 작품의 결말을 통해 작품 내적으로 구현된다. 또한 감독과 제작자 그리고 배우의 인터뷰를 통해 영화 외적으로, 명시적으로 전달되기도 한다. 분석자는 일단 본래의 주제 의식이 기술적으로 수신자에게 정확하게 전달되고 있는지를 살펴보아야 한다.

영화 분석 수업을 진행하다 보면 많은 학생들이 이 부분에서 분석을 멈추는 경우가 많다. 감독이 의도한 주제를 파악하고, 모든 분석을 연출가의 의도에 끼워 맞추는 것이다. 그러나 분석에서 더 중요한 것은 감독의 의도와 그 의도의 결과인 작품을 평가하는 일이다. 영화의 주제가 사회·역사·젠더·계층적으로 타당한 시선을 기반으로 하고 있는지,

1 Peter Rainer, "Gangs of Rio", *New York Magazine*, 2003.1.20.(http://nymag.com/nymetro/movies/reviews/n_8237)

주제의 정당성과 영화의 형식적 측면이 적절하게 부합하고 있는지를 판단하는 것이 영화평의 핵심이기 때문이다.

2. 내러티브

보통 극장에 걸리는 상업 영화는 내러티브가 있는 경우가 대부분이다. 내러티브는 크게 스토리와 플롯으로 나눌 수 있다. 스토리란 시간 순서대로 정리된 사건의 내용을 가리키며, 플롯은 스토리의 사건을 수용자에게 보여 주기 위해 재구성한 조합 혹은 서사 정보를 배열하는 방식을 가리킨다.

우리가 보통 "그 영화 무슨 이야기야?"라고 물을 때 답하게 되는 것이 이야기/스토리/파불라다.[2] 이것은 "정해진 지속 시간과 공간 안에서 발생하는 사건들의 연대기적이고 인과적인 연쇄로서 행위를 구현"[3]한 것이다. 즉, 영화에서 제시된 순서가 아닌 사건이 발생한 순서대로 정리하여 인과

2 한국어로 흔히 '이야기'라고 하는 것을 영미의 서사학자들은 '스토리(story)'라고 칭하고, 러시아 형식주의자들의 용어를 빌리면 '파불라(fabula)'가 된다. 이야기의 구성은 영미 서사학에서는 '플롯(plot)', 러시아 형식주의에서 '수제(sjuzet)'라고 칭한다.

3 데이비드 보드웰, 『영화의 내레이션 I』, 오영숙 역, 시각과언어, 2007, 137쪽.

관계를 기반으로 정리한 것이라고 보면 된다.

반면 이야기의 구성/플롯/수제는 관객이 영화에서 스토리를 접하게 되는 실질적인 과정이다. 보드웰은 수제를 '구체적인 원리에 따라 구성 요소—이야기 사건들과 일의 상황들—를 배열한다는 점'에서 하나의 체계라고 보았다.[4] 영화에서 '수제'가 스토리를 "극작술적인" 수준에서 구현한다면, '스타일'은 "기술적인" 과정으로 구현[5]하는 것이라고 볼 수 있다. 그러므로 파불라는 영화에서 직접적으로 제시된 것이 아니라 수제와 스타일을 통해 구현된 실체로서의 영화를 본 관객이 머릿속으로 재구성하는 것이다.

'하늘 아래 새로운 이야기는 없다'는 말도 식상하게 들릴 만큼 현재 우리가 접하는 모든 이야기들은 이미 어디에선가 본 듯한 서사적 요소들의 조합이다. 스토리 자체만으로 새로움을 추구하는 것은 거의 불가능하다. 그러므로 우리가 찾을 수 있는 새로움의 최대치는 익숙함의 변주에 있다. 즉, 익숙한 스토리를 어떻게 배치할 것인가, 기존의 익숙한 조합들을 어떻게 해체하고 어떤 새로운 요소를 첨부할 것인가 혹은 익숙한 이야기를 어떻게 새로운 관점으로 전달할 것인가의 문제인 것이다. 그러므로 지금 영화 시장에서 '관객에게'

---

4 데이비드 보드웰, 앞의 책, 139쪽.

5 위의 책, 142쪽.

'특수한 기대를 불러일으키고, 호기심이나 서스펜스를 끌어내고, 도중에 놀라움을 유발하여 관객이 특수한 방식으로 파불라를 구성하도록 이끄는' 수제[6]의 중요성이 대두될 수밖에 없다. 영화에서 파불라는 실질적으로 존재하여 보이는 것이 아니라 수제를 통해 관객이 추론하고 종합하여 받아들이게 되는 것이기 때문이다. 제작자들은 새로운 플롯, 신선한 소재 그리고 색다른 시점을 담은 시나리오를 발굴하기 위해 고심하고 있다.

〈유주얼 서스펙트〉(1995)나 〈식스 센스〉(1999)는 흔히 '반전'이라고 말하는 의외의 결말로 큰 화제를 불러 모았던 작품이다. 이 영화들을 스토리/파불라 수준에서 정리해 보면 완전히 새롭다고 보긴 어렵다. 두 작품은 주인공에 대한 관객의 편견 혹은 서술자에 대한 기본적인 신뢰를 배반하는 전략을 통해 새로운 수제를 구축했다고 볼 수 있다.

〈유주얼 서스펙스〉의 경우 관객은 위축된 장애인 피의자와 강압적인 수사관이라는 구도를 보고, 장애인 화자를 쉽게 동정하고 그에게 공감하게 된다. 그는 범죄에 가담했지만 철저하게 이용당했고 사건의 핵심에는 모든 범죄를 구상하고 지휘했던 '카이저 소제'가 있었다고 증언한다. 하지만 영

6 데이비드 보드웰, 앞의 책, 143-144쪽.

화의 마지막 장면에서 절름발이 화자인 버벌의 진술이 모두 거짓이었음이 밝혀진다. 그의 진술에 등장한 인물이나 지명은 모두 취조실에 있던 사물의 이름과 브랜드명을 차용하여 조작된 것이었다. 이 영화를 파불라 차원에서 정리하면 '범죄의 주동자였던 이가 자신의 죄를 축소·은폐하기 위해 거짓 진술을 해 수사관을 속이고 탈출한다'는 아주 평범한 이야기가 된다. 하지만 그릇된 정보를 통해 유추하도록 고안된 이 영화의 플롯/수제로 인해 관객은 그 단순한 이야기의 실체를 결말에 이르러서야 알게 된다. 결말에서 모든 거짓 정보가 수정되도록 함으로써 관객은 속았다는 배신감과 함께 '반전'이라는 극적 재미를 느끼게 된다.

〈식스 센스〉는 관객이 심정적으로 동일시하는 존재인 주인공에 대한 가장 기본적인 신뢰를 무너뜨림으로써 반전의 재미를 획득한다. 정신과 의사로 성공 가도를 달리던 말콤은 자신이 치료하던 환자가 자살하는 사건을 겪은 후 완전히 달라진 삶을 살게 된다. 부모의 이혼으로 정서적 충격을 받은 소년 콜의 치료를 맡게 되면서 영적 존재들을 보게 된 것이다. 말콤의 아내는 그와의 소통을 거부하고 결혼 생활은 파국에 이르러 있다. 이 영화는 공포 영화의 장르 문법을 그대로 가져오되 공포의 대상이 되었던 귀신의 타자성을 주인공에게 부여함으로써 관객의 기대를 배반한다. 귀신이 보인다던 소년 콜이 주인공 역시 비존재(실존하는 인간이 아님)임을 지적하는 순간에 이르러서야 관객은 말콤이 영화의 초반에 이미 죽었으며, 영적 존재의 시점에서 영화가 진행된 것임을 알게 된다.

두 작품에서 수제는 파불라의 핵심적인 설정을 감추기 위해 정교하게 설정되어 있다. 즉, 두 작품에서 수제의 가장 큰 역할은 서사의 핵심이 되는 정보를 감춘 채 관객이 고정관념에 기반해 이야기를 받아들이고 오해하도록 하는 것이다. 억울하게 의심받고 있다고 믿었던, 혹은 신뢰할 수 있는 존재라고 생각했던 주인공들의 실체를 마지막까지 은폐함으로써 서사의 긴장감을 만들고, 폭로된 결말부에 가서 가장 큰 극적 흥미를 느끼도록 만드는 것이다. 이 두 작품의 경우 파불라 차원에서 새로운 요소를 첨가하는 것보다 수용자가 파불라를 정확하게 이해할 수 있는 결정적 서사 정보의 노출을 지연시킴으로써 새로운 수제를 만들어 내었고, 관객 반응에 있어서도 큰 성공을 거둘 수 있었다.

〈펄프 픽션〉(1994)처럼 스토리 시간을 분절하고 시점을 다각화함으로써 독특한 수제를 구성할 수도 있다. 이 영화에서는 사소한 사건들이 실타래처럼 엉키면서 복잡한 인과 관계로 연결된다. 에피소드별로 주요 인물과 핵심 사건이 다르며, 각 에피소드의 주인공들이 다른 에피소드에서 지나가는 행인이나 조연으로 등장해서 에피소드 간의 접점을 만들어 낸다. 주요한 몇몇 인물들의 행위를 중심으로 큰 줄기를 이루는 사건을 따라가는 전통적인 방식의 스토리가 '수목형 구조'라면, 〈펄프 픽션〉은 들뢰즈(Gilles Deleuze)와 가타리(Félix Guattari)가 말했던 중심과 주변이 따로 구분되지 않고 무한 확장되는 '리좀형 구성'이라고 할 수 있다. 이 영화는 제목 그대로 싸구려 소설을 연상케 하는 파불라를 다루고 있지만, 분절되고 중첩되는 새로운 시간 구조를 바탕으로 영화의 서사적 가능성을 확장시켰다. 그리고 그 서사적 실험의 가치를 인정받아 칸국제영화제에서 황금종려상을 수상했다.

'단기 기억 상실증'이라는 생소한 병명을 소재로 차용한 〈메멘토〉(2000)도 같은 맥락에서 이해할 수 있다. 이 영화는 10분간의 기억만 유지할 있는 주인공의 복수극이다. 관객이 주인공의 심리 상태에 있도록 전체 서사를 10분씩 토막 낸 다음 그것을 역순으로 배치한 특이한 구성을 취하고 있다. 그러한 구성을 통해 불완전한 기억의 주체가 갖고 있는 선악의 개념과 추적하고 있는 악한의 존재 여부에 의문을 제기한다. 이 영화의 서사를 시간 순서로 정리하면 단순하게 이해될 수 있지만, 감독은 관객들로 하여금 주인공이 경험하고 있는 인지적 착오를 그대로 느낄 수 있도록 하기 위해 실험적인 방법을 택했다.

이와 같이 영화가 특이한 플롯으로 구성될 때 우리는 그것이 형식적인 기교에 머물지 않고 영화의 내용적 구성과 주제 의식에 얼마나 절묘하게 부합하고 있는지 눈여겨 보아야 한다. 때로는 단순한 이야기를 지나치게 복잡한 구조로 만듦으로써 혼란만 가중시키는 경우도 있기 때문이다.

반면 어떤 영화들을 분석할 때 전통적인 의미에서의 내러티브가 중요하게 생각되지 않을 수도 있다. 대부분의 실험영화들은 시각적인 쾌감이나 새로운 형태의 이미지를 창안하는 데에 주안점을 두는 경우가 많고, 하나의 메시지를 전달하기 위해 화면과 영상을 배치하는 경우도 있기 때문이다.

또 고전적인 스토리텔링 방식이 억압적인 이데올로기를 재생산한다는 이유에서 일부러 전통적인 내러티브를 파괴하는 것을 목적으로 삼는 영화들도 있다. 예를 들어, 페미니스트 영화 이론가인 로라 멀비(Laura Mulvey)는 전통적인 서사 형식이 가부장적인 남성주의적 시선과 전통적 질서를 강화하는 데 기여한다고 생각하여 전통적인 서사를 해체하는 실험 영화들을 만들기도 했다.[7]

---

7 로라 멀비는 전통적인 서사 영화들이 가부장적 무의식을 반영하는 관음증과 페티시즘의 관습을 사용하고 있으므로, 전통적인 서사 영화의 코드를 파괴하는 것을 '페미니즘 영화' 형식의 기반으로 삼았다. 그리하여 "360도 팬(360 degree pan: 고정된 카메라 축을 중심으로 완전한 원을 그리며 하는 수평 이동 촬영으로, '서큘러 팬'이라고도 한다), 보이스 오버(voice over: 인물이 화면에 등장하지 않은 채 목소리만으로 정보나 해설을 들려주는 것), 논평을 사용한 〈스핑크스의 수수께끼〉(1977, 피터 울렌과 공동 작업)와 같은 영화를 직접 제작하여 아이디어를 직접 실천에 옮기기도 했다." : 쇼히니 초두리, 『페미니즘 영화이

알렝 레네(Alain Resnais)의 〈히로시마 내 사랑〉(1959)과 같은 극영화도 2차 대전 직후 일본의 풍경을 모자이크식으로 화면에 담고, 남성이 질문하고 여성이 답변하는 방식을 택하여 전쟁이 남긴 지울 수 없는 상흔과 전범 국가의 죄의식에 대해 표현하고 있다. 클레르 드니(Claire Denis)의 초기 영화들은 이야기의 전달보다는 인간 육체의 움직임을, 특히 그 안에 담긴 욕망을 카메라로 포착하는 데 더 주안점을 두었다.

이런 영화들의 경우에는 무엇이 표현되고 있는지 만큼이나 무엇이 소거되었는지를 분석하는 것이 중요하다. 감독이 내러티브를 왜 제거하였는지, 고전적 내러티브에 어떤 식으로 저항하고 있는지, 파편적인 이미지 혹은 화면과 불일치하는 사운드 편집을 통해 전달하려는 메시지가 무엇인지에 집중하여 분석할 필요가 있다.

3. 인물

인물은 작품의 줄거리를 이끌어 나가는 가장 중요한 요소다. 영화 전체에서 감독의 역량이 크게 작용하는 부분이 배우의

론』, 노지승 역, 앨피, 2012, 76-77쪽. 괄호 안의 보충 설명은 인용자.

연기 지도인 것을 보면, 작품에서 인물이 얼마나 많은 비중을 차지하는지를 알 수 있다. 그러므로 인물에 대한 분석은 영화 비평에서 빼놓을 수 없는 요소다. 인물 분석은 단순히 배우가 연기를 잘하는지 못하는지를 논하는 것에서부터, 특정 인물의 형상화 방식을 통해 감독이 전달하려고 하는 주제가 무엇인지를 밝히는 데 이르기까지 다양하게 이뤄질 수 있다. 다음은 인물에 관해 참고할 수 있는 질문들로, 그 답을 찾아 보는 과정을 통해 실제적인 인물 분석이 가능해진다.

- 인물의 형상화 방식이 현실적인가, 비현실적인가?
- 인물의 표정과 행동 양식은 어떠한가?
- 의상과 분장 상태는 인물의 어떤 성격을 드러내는가?
- 특정한 인물이 표방하고 있는 이데올로기적 지향점은 무엇인가?
- 영화가 한 인물의 삶을 어떻게 포착하고 있는가?
- 주인공의 삶을 연대기적으로 구성하는가, 아니면 여러 인물의 삶을 동시적으로 포착하는가?

예를 들면, 밀로스 포먼(Miloš Forman) 감독은 특이한 행적을 가진 개인의 삶을 영웅적으로 조망하는 방식을 자주 활용한다. 정신병원의 억압적인 관행을 깨뜨리는 인물을 다룬 〈뻐꾸기 둥지 위로 날아간 새〉(1975), 천재이긴 하지만 엄청난 오이디푸스 콤플렉스의 소유자이자 미성숙한 태도

[그림 1] 〈래리 플린트〉 포스터

[그림 2] 〈프레리 홈 컴패니언〉 포스터

를 가졌던 모차르트의 삶을 다룬 〈아마데우스〉(1984), 포르노 잡지인 『허슬러』의 창간자이자 표현의 자유에 관한 소송으로 대법원까지 가서 승소한 래리 플린트의 삶을 다룬 〈래리 플린트〉(1996) 등이 그러하다. 반면 로버트 알트만(Robert Altman) 감독은 한 인물의 삶을 집중적으로 다루기보다 수많은 인물들이 모여 이루는 모자이크 같은 세계를 보여 준다. 〈숏컷〉(1993), 〈패션쇼〉(1995), 〈프레리 홈 컴패니언〉(2006) 등 그의 작품에서는 하나의 지역에 사는 대중 혹은 하나의 쇼를 준비하는 무수한 인물들이 이뤄 내는 앙상블이 중시된다.

위의 두 포스터는 이와 같은 감독의 상이한 세계관을 압축적으로 보여 준다. 〈래리 플린트〉([그림 1])는 주인공을 크게 배치하여 그가 수호하려 했던 가치 — 표현의 자유 — 를 입으로 가시화하고 그것이 미국의 헌법적 가치를 어떻게 실체화했는지를 상징적으로 보여 주고 있다. 반면 〈프레리 홈 컴패니언〉([그림 2])의 포스터는 영화와 동명인 라디오 방송 로고를 중앙에 배치하고 이를 중심으로 다양한 인물을 거의 크기 차이 없이 평행적으로 배치하여 영화의 주요 테마인 컨트리 음악 문화가 잘 드러나도록 보여 주고 있다.

두 영화의 주인공 구현 방식의 차이는 감독의 세계관을 확연하게 드러낸다. 포먼의 영화들이 '영웅'적 개인(이때 '영웅'은 윤리적 감각이나 능력에 있어 초월적 수준에 도달한 개인이 아니라 남들이 보기에는 기인이라고 생각될 만큼 자신이 믿는 가치를 철저하게 추구하는 인물이란 의미에 가깝다)이 역사를 바꾼다는 명제를 입증하려고 한다. 반면 알트만의 영화는 세계란 결국 평범한 개인들의 소소한 갈등과 화해가 반복되는 곳이며 역사는 그들의 작용에 따라 예측 불가능한 방향으로 진행되어 나간다는 것을 보여 준다.

박찬욱의 〈친절한 금자씨〉(2005)와 방은진의 〈오로라 공주〉(2005)는 '어린 딸을 유괴한 범인에 대한 어머니의 복수'라는 모티프를 공유한다. 하지만 어머니 역할인 '금자씨'와 '정순정'을 형상화하는 방식에 많은 차이가 있다. 전자는 금자씨가 "어떻게" 복수하는가에 초점을 맞추는 반면 후자는 정순정이 "왜" 복수를 하는지에 초점을 맞춘다.

〈친절한 금자씨〉는 복수를 준비하는 과정에서 절대 악과 대면하는 개인의 내면을 드러낸다. 그리하여 금자씨는 복수라는 원한을 품은 감정에 휩싸일수록 더욱 공허해진다. 이것은 '이에는 이, 죽은 아이에게는 죽은 백선생'이라는 폭력적인 해결 방식을 통해서는 개인이 죄의식으로부터 구원될 수 없음을 보여 준다. 이에 반해 정순정은 종교적·정신적 차원의 구원에 대해 냉소적이다. 그녀는 자신의 아이를 죽인 것은 양육의 문제를 오로지 모성에게만 강요한 사회의 책임이라고 판단하고 공모자들을 처단한다. 냉정해 보일 정도로 차분한 금자씨와 과하다 싶을 정도로 격정적인 정순정의 차이는, 복수라는 모티프를 통해 연출자가 전달하고자 하는 메세지가 전혀 다르기 때문에 발생한 것이다.

'원더 우먼'은 1941년 원작자 윌리엄 몰튼 마스턴(William Moulton Marston)에 의해 탄생했다. 이후 수십 년의 세월 동안 수많은 창작자의 손을 거쳐 만화와 TV 드라마로 만들어지며 다양한 해석을 보여 주었다. 2017년 처음으로 영화화된 〈원더 우먼〉은 여성 감독 패티 젠킨스(Patty Jenkins)에 의해 연출되었고, 영화의 의상 디자인도 여성인 린디 해밍(Lindy Hemming)이 맡았다. 원더 우먼은 슈퍼 히어로들을 종합 선물세트로 묶어 출연시키는 최근의 히어로물 트렌드에 맞춰 기획된 〈저스티스 리그〉(2017)에도 등장했다. 〈저스티스리그〉의 연출을 맡았던 잭 스나이더(Zack Snyder)와 의상 디자이너

[그림 3] 〈원더 우먼〉의 아마조네스 복장(좌)과 〈저스티스 리그〉의 아마조네스 복장(우)

인 마이클 윌킨슨(Michael Wilkinson)은 공교롭게도 모두 남성이었다.

위의 그림에서 좌측이 패티 젠킨슨의 〈원더 우먼〉에 나오는 아마조네스들의 복장이고, 우측은 〈저스티스 리그〉의 아마조네스들이다. 두 편이 대중에게 공개된 이후 의상의 노출 정도 차이가 창작자들의 성별 차이에 의한 것이 아니냐는 논쟁이 인터넷상에 벌어졌다.[8] 이처럼 인물 묘사는 창작자

8 〈원더 우먼〉과 〈저스티스 리그〉의 아마조네스 의상 사진은 관련 논란을 다룬 『피플』지에서 발췌한 것이다. 이 기사는 처음 트위터에 올라온 사진을 바탕으로 논란의 전반적인 과정을 다루고 있다. : Kaitlyn

의 젠더나 여러 가지 지향에 따라 달라지기도 한다. 이와 같은 차이에 주목하여 전체적인 서사 안에서 인물이 기여하는 방식에 어떤 변화가 초래되었는지 분석하고, 세부 장면에서 인물의 배치, 노출의 정도 혹은 역할의 분배가 어떻게 다른지를 비교해 볼 수 있다.

슈퍼 히어로물은 대체로 대중적 성공을 바탕으로 여러 편의 후속작들이 만들어진다. 감독이 동일한 경우도 있지만 당시 가장 대중적으로 성공한 감독으로 교체하여 기용하기도 한다. 그러므로 슈퍼 히어로물은 당시 사회의 대중적 욕망을 가장 적극적으로 반영하려는 의지를 가진 장르라고 할 수 있다.

예를 들면, 1970년대부터 만들어진 〈슈퍼맨〉은 냉전 시기, 소련의 붕괴 그리고 9.11 테러를 겪은 이후 계속해서 변화된 모습을 보여 주었다. 냉전 시기 이후 영화화 되기 시작한 〈배트맨〉은 절대적인 '선'에 대한 믿음이 붕괴된 시기에 혼란스러워진 '사회적 정의(正義)'의 개념에 대해 끊임없이 질문을 던진다. 냉전 시기의 가장 성공적인 영웅이었던 '제임스 본드'와 다체제 시대의 혼란에 빠진 정보 요원 '제이슨 본'은

Frey, "Justice League's Sexualized Amazon Costumes Spark Internet Controversy", *People*, 2017.11.15.(http://people.com/style/justice-league-wonder-woman-amazon-sexy-costumes-controversy/amp)

캐릭터의 성격이나 묘사 방식이 완전히 다를 수밖에 없다.

이처럼 인물은 한 편의 영화를 들여다보는 중요한 요소가 되기도 하지만 한 감독의 일관된 세계관을 드러내 주기도 하고, 동일한 주제임에도 연출자에 따라 다른 시각의 차이, 젠더 이슈에 대한 민감성의 차이, 그리고 그 인물을 만들어 낸 당대 사회를 보여 주는 거울로 작용하기도 한다. 이것이 영화평을 쓸 때 우리가 인물에 주목해야 하는 이유다. 대상 영화에서 인물의 특성을 기술할 때 공통의 소재를 가진 영화, 유사한 장르, 같은 시기에 제작된 작품들을 비교하여 논의하면 그 특징을 기술하는 것이 용이하고, 주장도 더 설득력을 가질 수 있다.

4. 시점

기본적으로 '시점'은 '누가 보느냐'의 문제다. 소설 『사랑손님과 어머니』는 시점을 배울 때 가장 대표적으로 활용되는 텍스트다. '여섯 살 난 계집애, 옥희'의 시선으로 사랑손님과 어머니의 이루어질 수 없는 사랑을 다룬 이 단편은, 시점이 가진 한계와 미학이 무엇인지를 파악하는 데 아주 효과적인 작품이다. '누가 보느냐'는 '누가 아느냐'의 문제와 밀접하게 연결되어 있다. 『사랑손님과 어머니』는 옥희가 본 것만을 다루기 때문에 성인 남녀의 사랑이 어린 아이의 순수함이라는 필터를 거쳐 재현된다. 옥희의 시점을 걷어 내고 보면 이 작품을 패러디한 코미디나 에로물에서 자주 강조되는 것처럼, '아이 딸린 과부와 하숙생 남자가 썸 타는 이야기'로 정리될 수도 있다. 하지만 원작 소설에서 순수한 아이의 시점은 그와 같은 해석을 차단하는 효과가 있다.

원작에 최대한 가깝게 각색하려 했던 신상옥 감독의 영화 〈사랑방 손님과 어머니〉(1961)만 보아도 제한적 시점의 기능을 확인할 수 있다. 영화는 원작을 대사 수준까지 동일하게 복원했지만 시점의 일관성을 완벽하게 지킬 수 없었다. 소설이 세계를 옥희의 시선 안에 가둬 둘 수 있었던 것과 달리, 영화에서는 옥희 역시 카메라를 통해 보이는 대상이 어야 했다. 따라서 기본적으로 시점의 일관성을 유지하기 어렵다. 게다가 영화는 소설에서 제시된 스토리 외에 추가 서사를 삽입하면서 옥희의 세계를 벗어나게 되었고, 어른들이 부딪히는 사회적 편견과 변화하는 사회상을 좀 더 적극적으로 담아내게 되었다.

이처럼 영화에서 시점은 소설과는 차이가 있다. 우리가 '시점', '관점' 등으로 부르는 개념은 소설을 서사학(narratology)적으로 분석하기 위해 고안된 개념이다. 서술자가 '나', '그/그녀'인지에 따라 '1인칭'과 '3인칭'으로 나누고, 인물에 제한되지 않는 시점을 '전지적 작가 시점'으로 분류한다. '백문(百

聞)이 불여일견(不如一見)'이라는 말이 있듯 일반적으로 보는 것은 아는 것과 거의 동일하게 취급되기도 한다. 그러나 소설『사랑손님과 어머니』에서처럼 표면적으로 드러난 현상을 보는 것과 보고 있는 것의 의미를 파악하는 일은 다르다. 6세 화자인 옥희는 엄마와 손님을 보면서도 그들의 행동이 어떤 의미가 있는지 파악하지 못하거나, 자기 멋대로 오해하기 때문이다.

주네트(Gérard Genette)는 '시각', '시점', '관점'이라는 용어가 서사 기술에서 너무 시각적인 면만을 강조하고 인지적인 이해를 내포하지 못한다고 생각하여 '초점화(focalization)'라는 용어를 사용할 것을 제안했다.[9] '초점화'는 서사 안에서 사건 기술이 어떤 인물 혹은 서술자의 시각적 인지와 내적 성찰을 통해 전달되고 있는지 포괄적으로 판단하는 용어다. 대체로 한 작품에서 초점화는 주요한 지향이 있지만 작품 전체가 완벽하게 일관되지 않을 수도 있다. 소설을 문장 단위로 분석해 보면 작품의 주초점 화자가 있음에도 때때로 작품 내의 다른 화자의 관점이나 작가의 편집자적 해석이 끼어드는 것을 볼 수 있다.

---

9 제라르 주네트는『서사담론』(권택영 역, 교보문고, 1992)에서 프루스트의 소설『잃어버린 시간을 찾아서』를 중심으로 서사론적 분석을 하면서 '초점화'라는 용어를 사용하였다. 서술자가 인물에 제한되지 않

앙드레 고드로(André Gaudreault)와 프랑수아 조스트(François Jost)는 시각과 지각이 다소 혼동되어 적용되는 소설의 경우 주네트의 초점화라는 용어로 뭉뚱그려 설명하는 것이 효과적일 수 있으나, 영화에서는 문제될 수 있다고 지적한다. 시각 예술인 영화에서 보이는 것과 아는 것은 은유적인 차원이 아니라 실질적인 차원에서 구별되기 때문이다. 그리하여 "시각적 시점와 인지적 시점을 구분하여 각각 이름을 붙이기를 제안"한다.[10] 고드로와 조스트는 시각적 시점을 크게 내적 시각화와 무시각화로 나누었다.

'내적 시각화'는 영화 내부의 인물이 카메라 시선의 주체인 경우다. 다시 말해 영화에 등장하는 한 인물의 시점 숏을 말한다. 이 숏은 그 인물의 심리 상태나 물리적 상태에 따라 카메라의 위치와 운동 감각이 변화할 수 있다. 인물의 위치에 의해 카메라의 위치가 정해지며, 인물이 접근할 수 있

고 전지적일 때 '무초점화' 혹은 '초점화되지 않은 서술', 인물이 서술을 중개하게 될 때 '내적 초점화'라는 용어를 썼다. 이 내적 초점화는 작품 전체를 통해 한 인물에게 고정될 수도 있고, 인물을 따라 변화할 수 있는데 전자는 '고정적 내적 초점화', 후자는 '가변적 내적 초점화'라고 구분했다. 인물의 내면이 드러나지 않고 외부적인 상태만 묘사하는 경우는 '외적 초점화'라고 명명했다. 작품에 따라, 혹은 하나의 작품 안에서도 이런 초점화 전략은 다양한 변화되어 적용될 수 있다.

10 앙드레 고드로·프랑수아 조스트, 「VI. 시점-2절 지식과 시각: 초점화와 시각화」, 『영화서술학』, 송지연 역, 동문선, 2001, 218-224쪽.

는 정보의 범위에서만 카메라가 접근할 수 있다. 예를 들면, 인물이 눈물을 흘리고 있기 때문에 카메라의 초점이 흐려질 수도 있다.

내적 시각화 가운데 물리적으로 확인되는 시점 숏, 즉 시점의 주인인 인물의 눈썹이나 머리카락 등으로 카메라를 일부를 가리거나, 인물의 움직임과 동일한 움직임을 가진 카메라의 이동 등 가시적으로 한 인물에게 소급될 때 '일차 내적 시각화라'고 부른다. '이차 내적 시각화'는 일차처럼 카메라상에서 물리적 특성이 드러나는 것은 아니지만 맥락상 시점의 주인공이 인지되는 경우이다. 예를 들면, 대화하는 시퀀스에서 정사(shot)/역사(reverse shot)처럼 맥락화를 통해 시점의 주체가 확립되는 경우를 말한다. '무시각화'는 영상의 서술 수준에서 어떤 심급, 어떤 인물에 의해서도 보이지 않는 경우 즉, '익명적 숏'인 경우[11]를 가리킨다. 다시 말해 특정한 인물에게 귀속되지 않는 숏들을 말한다.

영화에서 시점을 판단할 때 시각적인 연출 외에 청각적인 부분도 고려해야 한다. 고드로와 조스트는 '내적 청각화'와 '무청각화'라는 개념을 제안했다. 시각화와 마찬가지로 청각적 정보가 등장인물에 귀속되는 되는 경우를 '내적 청각

11 앙드레 고드로 · 프랑수아 조스트, 앞의 책, 224쪽.

화'라 칭하고, 등장인물의 지각 정보와 상관없이 조절되는 사운드 트랙이나 대화 내용을 전달하기 위한 임의적인 음량 조절 같은 것을 '무청각화'라고 명명했다.[12]

영화에서 청각적 정보는 시각적 정보에 비해서 거리 감각이 정확하지 않아 출처가 명확히 규명되지 않는 경우도 있다. 따라서 그것이 인물의 귀를 통해 들리는 것인지 객관적으로 전달되는 것인지 구별되지 않을 수도 있다. 하지만 영화평을 작성할 때 명확하게 제시되는 청각적 정보에 한해서만 분석을 한다고 해도 상당히 신선한 분석 결과를 얻을 수 있다. 대다수의 영화 분석은 시각적 정보에 대해서는 민감하게 반응하는 반면 청각적 요소의 구성과 활용을 분석하는 경우가 많지 않기 때문이다.

영화에서 시점을 구분하는 것은 문학 작품보다 훨씬 복합적인 분석을 필요로 한다. 전문적인 논문을 위해서는 매 장면 세분화해서 분석할 수도 있지만, 비교적 짧은 길이의 비평문에서는 영화 전반에 걸쳐 누가 카메라의 시선을 장악하고 있는지 파악하고 이를 잘 드러내는 장면을 선택해 분석하면 된다. 영화는 작품 전체가 한 인물의 시점 숏으로 처리되는 일이 거의 없기 때문에 소설에 비해 시점을 확연하게

12 앞의 책, 225-228쪽.

인식하지 못하고 감상하는 경우가 많다. 그러나 한 영화 안에서 카메라가 등장인물 가운데 누구에게 가장 동정적인지를 찾아보는 일은 무척 중요하다. 영화에서 시점은 영화의 스토리가 재현되는 방식을 결정하고, 관객에게 주제를 설득하기 위한 가장 효과적인 도구지만 관객이 일부러 의식하지 않으면 인지하기 쉽지 않은, 매우 교묘한 장치기 때문이다.

샘 멘데스(Sam Mendes) 감독의 〈아메리칸 뷰티〉(1999)를 예로 들어 보자. 이 영화는 이성애자 남성 주인공인 레스터 번햄(케빈 스페이시)의 시점에서 진행된다. 그는 청각적으로 이 영화의 서술자며, 이차적 내적 시각화에서 카메라를 장악하고 있는 인물이다. 카메라의 시선은 대체로 그의 시선과 일치되어 있다. 그것은 물리적인 카메라의 위치를 말할 뿐 아니라 카메라에 비친 피사체를 구현하는 정서적 반응이 레스터의 사고를 통해 구조화되어 있다는 의미다.

광고 회사에 다니는 레스터는 어느 날 중년의 위기를 맞이하고, 자신만의 진정한 삶의 의미를 찾겠다며 회사를 그만둔다. 레스터의 아내는 외도하는 상대가 있고 경제력을 상실한 가부장을 무시하지만 교양 있는 언어로 그것을 숨긴다. 사춘기 딸은 허울만 남은 가식적인 가족을 탈출할 생각에만 몰두해 있다. 레스터는 딸의 친구인 앤젤라에게 성적 욕망을 느낀다.

이 영화의 카메라는 레스터가 아내를 바라볼 때 느끼는

모멸감과 위화감, 딸의 친구를 볼 때 느끼는 성적(性的) 흥분을 고스란히 전달하는 데 집중하고 있다. 그렇기 때문에 관객은 무의식중에 다른 인물에 대한 레스터의 심리적 반응을 수용하게 된다. 레스터는 이웃집 동성애 커플에게 편견을 가지고 조롱하지만 이는 유머러스하게 포장된다. 그러나 결말에 이르면 레스터는 딸의 남자 친구인 리키의 부친(커밍아웃하지 않은 동성애자이자 스스로의 성 정체성을 수치스럽게 여기는 퇴역 장교)의 손에 살해되는 것으로 그려진다. 이와 같은 결말은 관객으로 하여금 레스터가 초반에 보여 준 '호모포비아'적 태도를 결과적으로 지지하게 만든다.

대체로 일반적인 극영화에서 카메라의 시선은 남성 주인공의 시선과 동일시되며, 관객은 그것을 인지하지 못한 상태에서 카메라가 전달하는 이미지와 정서적 상태를 객관적인 정보로 받아들이는 실수를 범할 수 있다. 〈아메리칸 뷰티〉에서 제시된 인물이나 사건 진행에 관한 묘사가 과연 레스터 번햄이라는 인물이 아닌 그의 아내를 주축으로 삼았을 때도 동일한 연출이 가능했을지 생각해 보자. 갑자기 진정한 삶의 가치를 찾겠다며 가족들과 상의 한마디 없이 직장에 사표를 내고 들어와 가장으로서는 존중하기를 강요하고, 고등학생인 딸 친구에게 성적 욕망을 느껴 침대까지 끌어들이는 중년 남성의 일탈이, 그 아내의 눈을 통해 전달될 때도 원작처럼 유머러스하거나 공감할 만한 서사로 받아들여질 수 있을지 말이다.

로라 멀비를 비롯한 페미니즘 영화 연구가들은 고전적인 내러티브의 헐리우드 영화들이 여성 인물을 통해 관음증적 욕망을 충족시키는 남성적 시각 구조로 되어 있다고 지적한 바 있다. 물론 이와 같은 주장은 오랫동안 반박되었고, 현재에 이르러서는 한물간 고리타분한 분석처럼 들리기도 한다. 그러나 여전히 극장 상영용 상업 영화 가운데 여성 인물의 내면에 동조적인, 여성의 시선을 통해 구축된 작품을 만나기는 쉽지 않다.

최근 들어 이와 같은 영화 제작과 재현에서의 성적 편중화에 대해 여성 영화인들이 목소리를 높이게 되었고, 실질적인 변화가 일어나고 있다. 여성 액션 히어로들이 등장했고, 여성 버디 무비들이 제작되기 시작했다. 단순히 캐릭터나 시점의 변화같은 영화 내적인 변화에만 그치지 않았다. 영화 제작 현장에서 역할 변화 더 나아가 여성의 사회적 지위 변화와 같은 실질적인 변화와 깊이 연관되어 있다. 이처럼 영화의 시점을 인지하고 분석하는 것은 우리 앞에 놓인 작품이 누구의 세계를 지지하고 대변하는지를 인식하는 가장 기본적인 작업이라고 할 수 있다.

06

영화에서 무엇을 볼 것인가?

1. 숏의 사이즈

우리가 보고 있는 극장 스크린의 사이즈는 변하지 않는다. 하지만 우리는 피사체와 카메라의 거리에 따라 다양한 사이즈의 숏을 보게 된다. 카메라와 피사체의 물리적 거리에 따라 관객과 피사체의 심정적 거리도 달라진다. 그러므로 연출자는 필요에 따라 화면의 사이즈를 선택하여 제시한다. 정해진 공식처럼 숏 사이즈에 따라 정서적 효과나 시각적 의미가 생성되는 것은 아니지만, 대체적인 용도와 정서적 효과를 알아 둘 필요가 있다.

숏 사이즈는 카메라와 피사체와의 거리 순으로 크게 익스트림 클로즈업(extreme close-up), 클로즈업(close-up), 미디엄 숏(medium shot), 롱 숏(long shot)으로 나눌 수 있다. 수잔 헤이워드(Susan Hayward)는 이것을 다시 익스트림 클로즈업, 클로즈업, 미디엄 클로즈업, 미디엄 숏, 미디엄 롱 숏, 롱 숏, 익스트림 롱 숏으로 나누어 구분한다.[1] 숏 사이즈는 인물과 배경을 어떤 비율로 담아내느냐에 따라 구별될 수 있지만, 보통 측량 가능한 수치로 구별하기보다는 대략적인 비율로 구분되므로 그 경계는 다소 느슨하게 설정되어 있다고 볼 수 있다. 또한 동일한 숏을 두고 분석자에 따라 다르게 구별할 수도 있다. 여기서는 비교적 세분화된 수잔 헤이워드의 구분을 토대로 필요에 따라 보충 설명할 것이다.

익스트림 클로즈업 숏은 사물을 극단적으로 가깝게 담아낸다. 특정 장면이나 대사 시퀀스를 강조할 때도 사용할 수 있는데, 예를 들면 인물이 긴장한 것을 표현하기 위해 배우의 비트는 손이나 시선을 바꾸는 익스트림 클로즈업 숏을 활용할 수 있다.[2] 관객으로 하여금 화면에서 무엇을 집중해서 봐야 하는지를 분명하게 알려 주기 때문에 몰입도를 가장 크게 만들기도 한다. 또한 인간의 눈이 통상적으로 닿을 수 없는 거리에서 대상을 포착해 대상에 대한 인지적 정보의 오해를 가져오기도 한다. 하지만 이렇게 오해를 불러온 인지적 정보라 할지라도 연속되는 화면 혹은 사후적으로 전달된 정보에 의해 수정되면서 경이감과 흡인력을 가져올 수도 있다.

---

1 숏에 관한 이론적 설명은 수잔 헤이워드의 『영화 사전: 이론과 비평』(이영기 역, 한나래, 1997, 172-176쪽)의 숏(shots) 항목을 참고. 예시와 분석에 대한 보충은 인용자.

2 제레미 바인야드, 『샷의 기법』, 박종호 역, 비즈앤비즈, 2010, 28쪽.

4

5

6

[그림 4, 5, 6]
〈이너스페이스〉 오프닝 시퀀스 1, 2 ,3

위 그림은 조 단테(Joe Dante) 감독의 〈이너스페이스〉(1987) 오프닝 타이틀이다. 암전으로 시작된 화면이 점차 밝아지면 빛을 반사하는 작은 입자들이 보이고([그림 4]), 카메라가 점점 줌 아웃하면 관객은 그 입자들이 얼음 조각(혹은 투명한 광물질)이라는 것을 짐작할 수 있게 된다. 투명했던 얼음에 점차 갈색 액체가 섞여 들어 온다([그림 5]). 웅장한 배경음악이 멈추고 사람들의 목소리가 뒤섞인 소음이 들려오면서 카메라가 완전히 줌 아웃하고, 화면이 클로즈업 상태([그림 6])가 되면 관객은 비로소 처음에 보았던 것이 위스키 잔에 담긴 얼음이었고, 색의 변화를 일으킨 액체는 위스키였다는 것을 알 수 있게 된다. 익스트림 클로즈업 숏을 활용한 이 영화의 오프닝 시퀀스는 관객들의 흥미를 불러일으킬 뿐만 아니라 영화의 내용적 특질을 압축적으로 시각화하고 있다.

이 작품은 실리콘 밸리의 한 연구자가 인간을 축소해 초소형 우주선에 태우고 인체 내부로 들어가 아픈 부위를 치료하는 실험에 성공하자, 그 기술을 무단으로 빼앗으려는 집단에게 쫓기게 되는 추격담을 다루고 있다. 눈에 보이지 않는 크기로 축소된 과학자의 시선을 따라가면서 촬영된 시퀀스들이 많기 때문에 영화 전체가 클로즈업 기법에 기반을 둔 시각적 경이로움을 적극적으로 활용하고 있다.

클로즈업 숏은 보통 인물을 기준으로 했을 때 얼굴을 화면 가득 잡는 것을 말한다. 클로즈업의 대상이 늘 인물인 것은 아니지만 '얼굴'은 여러모로 특별한 의미를 갖는다. 그래서 "하나의 얼굴을 촬영할 때, 우리는 그 뒤에 있는 영혼을 촬영한다"[3]고 말하기도 한다. 자끄 오몽(Jacques Aumont)은 얼굴은 "보면서 보이는 장소며, 따라서 얼굴은 사회적 기능들 — 상호 소통·상호 주체·표현·언어적 기능들 — 이 활동할 수 있는 장(場)이 된다"며 신체 부위 중 얼굴이 갖는 특수

3 고다르의 영화 〈작은 병정〉의 주인공 브뤼노 포레스티가 극 중에서 배우 안나 카리나를 촬영하며 이렇게 말했다. : 자크 오몽, 『영화 속의 얼굴』, 김호영 역, 마음산책, 2006, 26쪽.

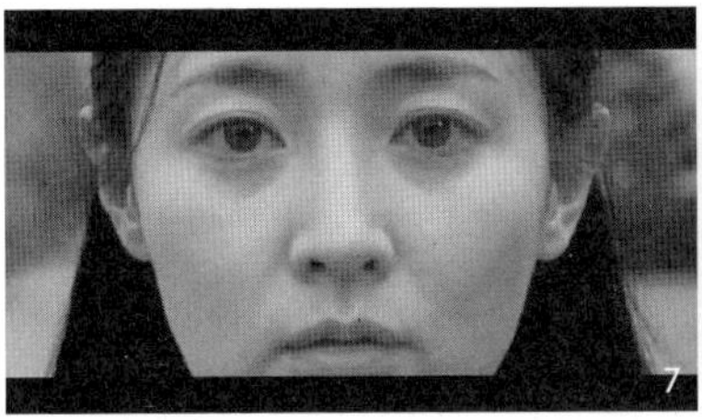
[그림 7] 〈친절한 금자씨〉의 복수 실천 전 얼굴

[그림 8] 〈친절한 금자씨〉의 복수 실천 중 얼굴

성에 주목했다. 그는 "얼굴은 진실을 가리고 있는, 즉 그 뒤에 또 하나의 속 얼굴을 감추고 있는 장소이자, 동시에 자신을 그대로 드러내고 있는 타자를 바라보는 장소"라고 했다.

얼굴은 눈과 입처럼 표현력이 집합된 기관이 있는 곳이다. 내면의 감정적 동요가 가장 잘 드러나는 신체 부위이자 진심을 숨길 때도 가장 잘 활용되는 기관이기도 하다. 카메라의 발명으로 인해 촬영 가능해진 클로즈업 숏은 인간의 얼굴을 재발견하게 만들었다는 평가를 받았다. 1900년대에 처음 사용된 이 기술은 10년도 지나지 않아 일상적으로 활용되었고, "1920년대부터 할리우드 스타들 사이에서 지위의 상징으로 통하면서 관객에게도 친숙한 영화 기법"으로 자리 잡게 되었다.

〈친절한 금자씨〉(2005)는 클로즈업이 빈번하게, 인상적으로 활용된 영화다. 주인공 금자(이영애)의 클로즈업 뿐

예시 | 미디엄 클로즈업 숏

[그림 9] 〈히로시마 내 사랑〉의 두 인물과 배경

아니라 주요 역할을 맡은 이들의 클로즈업 숏이 다양하게 활용되었다. 이 영화의 카메라가 이처럼 인물에게 밀착되어 있는 것은 이 영화의 스토리 라인과 주제가 '복수'라는 사적 정의의 실현과 관련되어 있기 때문이다. 납치 유괴범인 선생님과 살면서 어린 나이에 낳은 자신의 아이를 강제로 입양 보내고, 유괴범으로 감옥까지 다녀온 금자의 내면을 그녀의 얼굴을 통해 표현했다. [그림 7]은 감옥에서 출소한 금자가 복수를 실천하기 전의 모습이고, [그림 8]의 클로즈업 숏은 복수를 실천하는 과정에서 회의에 빠지게 된 금자의 얼굴이다. 이 작품은 금자의 얼굴 클로즈업만으로도 죄의식과 복수심에 차 있던 그녀가 용서와 구원에 이르는 과정을 효과적으로 표현하고 있다.

미디엄 클로즈업은 바스트 숏이라고도 불리며, 보통 등장인물의 어깨나 가슴까지 프레임 안에 들어오도록 잡는 숏을 가리킨다. 인물이 전경에 등장해야 하며, 후경에 있는 배경이 드러나지만 인물 간의 관계가 더 중요하게 부각되는 숏이다. 하나의 숏 안에 인물은 하나에서 둘, 셋까지도 등장할 수 있다. 하나의 화면 안에 복수의 인물이 등장할 때 이 숏은 이들 사이의 강한 친밀함이나 적대감과 같이 밀도가 높은 감정을 담아낸다. [그림 9]에서 볼 수 있는 것처럼 미디엄 클로즈업 숏은 후경의 배경이 거의 노출되지 않고, 인물의 거리가 밀착되어 있어 관객이 두 인물 간의 정서적 유대감에만 집중할 수 있도록 한다.

미디엄 숏은 일반적으로 "등장인물의 허리나 엉덩이 또는 무릎 위를 포착한다. 카메라는 등장인물이 주변 상황과 어떤 관계에 놓여 있는지 보여 주기 위해 대상으로부터 충분히 멀리 떨어져 있다. 등장인물들은 프레임의 절반이나 3분의 2 정도를 차지하는 게 보통이다."[4] **미디엄 롱 숏**은 풀 숏이라고도 불리며, 등장인물을 프레임의 중경에 놓아 인물의 신체가 거의 다 드러나도록 한다. 인물을 둘러싼 물리적 환경을 명확하게 드러내며, 전경이나 후경에 배치된 다른 인물이나 주변 환경과 인물과의 관계를 읽을 수 있다. 수잔 헤이

4 수잔 헤이워드, 앞의 책, 174쪽.

10

11

[그림 10, 11] 〈밀양〉의 신애와 종찬

워드는 미디엄 롱 숏을 "의미와 해독이라는 측면에서는 완전히 개방적인 숏"[5]이라고 했다. 이는 앞의 숏들에 비해 피사체와 배경에 대해 관객의 선택과 해석이 비교적 자유로운 숏이라는 뜻이다. 클로즈업 숏들은 관객의 해석이 들어갈 여지를 주지 않고, 연출자가 보도록 지시하는 대상과 감정을 강요하는 측면이 있기 때문이다.

이창동 감독의 〈밀양〉(2007)은 다양한 미디엄 숏과 롱 숏을 활용했다. 이 영화 역시 〈친절한 금자씨〉처럼 어린이 유괴 사건을 주요한 소재로 사용하고 있지만, 두 영화가 선호하는 숏 사이즈의 차이만큼 소재를 다루는 태도에 차이가 있다. 〈친절한 금자씨〉가 유괴 사건을 상징적·우화적으로 묘사하

5 수잔 헤이워드, 앞의 책, 174쪽.

며 관객에게 인물의 내면을 이해하도록 설득한다면, 〈밀양〉은 관객이 인물에 공감하여 빠져들기보다 관조할 것을 권한다.

[그림 10]은 자신의 아이가 유괴 당했다는 사실을 처음 알게 된 신애(전도연)의 모습을 미디엄 롱 숏으로 담은 것이다. 그녀는 유괴범의 전화를 받은 이후 공포감과 좌절감에 거리로 뛰쳐나가지만 이사 온 지 얼마 되지 않은 낯선 동네 밀양에서 고통을 나누고 도움을 청할 이가 없다는 사실을 깨닫는다. 울고 있는 그녀와는 대조적으로 밀양의 밤거리는 평온하기만 하다. 신애가 처한 심정적·물리적으로 고립된 상태가 화면에 잘 나타난다.

[그림 11]은 아이를 잃은 슬픔을 이기기 위해 열성적으로 교회를 다니게 된 신애와 그녀를 따라 교회에 다니게 된 종찬이 주차 봉사를 하는 장면을 담은 미디엄 숏이다. 환하게 웃는 종찬이 전경에, 교회 사람들과 인사를 나누며 종찬을 바라보는 신애가 후경에 있다. 이 숏은 종찬에게 많은 도움을 받으면서도 그를 '속물'이라고 칭하며 거리를 두려는 신애의 태도를 잘 드러낸다. 미디엄 숏은 전경에 있는 인물의 느낌과 특징을 관객이 잘 포착할 수 있도록 하고, 후경에도 필요한 서사 정보를 배치함으로써 장면에 대해 종합적인 이해가 가능하도록 만드는 숏 사이즈다.

〈밀양〉에서 카메라가 인물과 심정적 거리를 유지하려는 태도는 신애가 유괴되었던 아들의 시신을 확인하는 장면에서 가장 두드러진다. 통상적으로 극적 갈등이 최고조에 달하는 순간 카메라는 갈등의 주체인 피사체에 최대한 다가선다. 물리적인 거리가 가까워질수록 관객의 심리적 동조가 강해지기 때문이다. 예를 들면, 극 중에서 인물이 사랑에 빠질 때나 누군가와 대립할 때 혹은 서사 진행상 충격적인 정보를 알게 되었을 때 화면 사이즈는 클로즈업 숏이나 미디엄 숏을 취하는 것이 보통이다. 이것이 극 중 인물의 감정과 상태에 관객이 몰입하게 만드는 일반적인 연출 방식이다. 하지만 〈밀양〉에서 카메라는 통상적인 방식과는 다르게 움직인다.

예시 | 롱 숏

[그림 12, 13] 〈밀양〉 중 신애가 아들의 시신을 확인하는 장면

앞의 숏들은 신애가 경찰로부터 신원 미상의 아이 사체가 발견되었다는 소식을 듣고, 아들인지를 확인하는 장면에서 발췌한 것이다. [그림 12]에서 원경에는 발견 현장에 있는 형사들이 모습이 보이고, 전경에는 신애의 뒷모습이 보인다. 신애는 현장에 도착해서도 선뜻 사체가 있는 곳으로 가까이 가지 못하고, 한참을 전경에서 망설인다. 마침내 결심하고 현장으로 걸어가 시신을 확인하는 장면([그림 13])에서도 카메라는 신애를 따라가지 않는다. 중요한 서사 정보가 제공될 때 카메라가 인물의 동선을 따라 이동하거나, 편집을 통해 화면 사이즈에 변화를 줌으로써 주목하게 하는 것과 달리 이 장면은 고정된 하나의 테이크[6]로 찍혔다. 이 테이크가 시작될 때 미디엄 숏으로 등장했던 신애는 테이크가 끝날 때 롱 숏으로 잡힌다.

"**롱 숏**은 등장인물이나 피사체가 상당한 거리에 놓여 있는 숏으로, 주변 환경 속에 완전히 파묻힌 채 신체 전체를 보여" 주는 숏을 말한다.[7] 여기에는 신애가 느끼는 감정을 주관적으로 강조하기보다, 관객이 그녀가 처한 상황을 객관적으로 바라보며 그 의미를 파악하기를 바라는 연출자의 의도가 담겨 있다.

---

6 보통 카메라를 켜서 끌 때까지 한 번에 찍는 분량을 테이크라고 한다.

7 수잔 헤이워드, 앞의 책, 174쪽.

[그림 14] 〈베니스에서의 죽음〉의 마지막 해변 시퀀스

익스트림 롱 숏은 롱 숏보다 좀 더 카메라의 거리가 멀어지면서 인물이 완전히 배경과 하나가 되도록 잡는 숏이다. 인물이 놓여 있는 환경을 좀 더 명확하게 보여 주거나 주제와 밀접하게 관련된 압도적인 풍경—사건이 벌어지는 건물의 사이즈, 도시 전체의 전경, 우주 공간의 지구 등—을 드러내기 위해서 사용되는 숏이다.

위의 [그림 14]는 루키노 비스콘티(Luchino Visconti)의 〈베니스에서 죽음〉(1971)의 마지막 해변 시퀀스에서 발췌한 장면이다. 주인공 아셴바흐가 콜레라가 창궐하여 관광객이 다 빠져나간 베니스의 해변에서 자신이 흠모하던 소년을 바라보며 죽음을 맞이하는 장면을 익스트림 롱 숏으로 담았다. 영화 전반에 걸쳐 주인공의 시점 숏을 따라가던 것과 대조적으로 주인공을 먼 거리에서 담아낸 이 장면은 아셴바흐의 미(美)에 대한 탐닉과 부질없는 욕망이 무정한 세계 속에 어떻게 기록되는지를 잘 드러낸다.

자신만의 독특한 '공포 영화' 화법을 구축한 〈큐어〉(1997)의 감독 구로사와 기요시(黒沢清)는 한 강연에서 신인 감독 시절 스튜디오의 제작자와 가장 빈번하게 의견 대립을 했던 지점이 화면 사이즈라고 밝히기도 했다. 일본 스튜디오의 고정 수입 장르였던 '고지라'물을 찍을 때, 구로사와 기요시는 롱 숏으로 고지라를 담고 싶었던 반면, 제작자는 클로즈업 숏을 비롯해 좀 더 가까운 거리에서 고지라를 포착한 숏들을 넣기를 원했다. 기요시는 공포를 일상 속에서 발견할 수 있는 낯설고 기괴한 감정이라고 생각했던 반면 제작자는 공포를 비일상적인 사건으로 인한 충격과 혼란이라고 보았기 때문이다. 공포에 대한 그들의 견해 차이가 화면 크기 선호도의 차이로 드러난 것이다.

피사체와 카메라의 거리가 멀어질수록 화면에 담긴 정보의 양이 늘어난다. 클로즈업 숏은 연출자가 관객에게 특정 정보를 한정된 방식으로 받아들일 것을 요구하는 화면이다. 반면 롱 숏으로 갈수록 관객에 따라 화면 내 정보의 습득과 해석에 상당한 차이가 발생한다. 즉, "숏이 클로즈업에 가까울수록 주관적인 가치를 띠게 되며 숏 내부로부터 더 많은 의미가 떠오르게" 되고, "숏의 거리가 멀수록 숏들은 객관적인 가치를 띠면서 의미를 산출하는데, 관객이나 해독자가 참여할 수 있는 여지는 그만큼 넓어"지는 것이다.[8] 분석자는 대상을 포착하는 화면 사이즈가 어떻게 달라지고 있는지를 구별하여 그것의 정서적 효과와 주제 형성에 미치는 영향 관계를 파악할 수 있어야 한다.

2. 카메라의 움직임

영화 속 어떤 장면이든 선택과 의도의 결과라는 점을 잊어서는 안 된다. 주어진 상황이 한정되었다고 해도 모든 장면은 창작자의 선택에 의해 구성되고 만들어져 관객에게 보이게 되는 것이다. 어떤 풍경 안에 피사체를 둘 것인지, 그 피사체를 카메라와 얼마나 가까이 둘 것인지 그리고 그 피사체에게 어떻게 다가갈 것인지는 모두 창작자의 선택이다. 카메라의 움직임은 촬영 여건의 물리적 조건과 자본적 조건에 의해 상당 부분 좌우된다. 일단 카메라가 움직이기 시작하면 수많은 돌발 상황이 생기고 그만큼 촬영 시간이 더 많이 소요된다. 영화 제작에서 상황의 통제와 시간은 정확하게 제작비와 연결된다고 이해하면 된다. 그러므로 분석자는 카메라가 움직일 때 그 목적이 무엇인지 예민하게 관찰해야 한다.

8 수잔 헤이워드, 앞의 책, 175쪽.

다음은 카메라의 움직임을 정리한 용어들이다.

- **팬**(pan): 카메라가 고정된 채 좌우로 움직이는 것을 말한다. "카메라가 팬하면 카메라는 좌우로 회전한다. 팬의 시각적 효과를 이해하려면 정면을 바라보고 자신의 고개를 좌, 우로 돌려 보면 쉽게 알 수 있다."[9]
- **틸트**(tilt): 카메라가 고정된 채 아래 위로 움직이는 것을 말한다. "카메라를 틸트하면 카메라는 상하로 회전한다."[10] 인물을 위아래로 훑어보거나 건물의 규모를 보여 줄 때 많이 사용된다.
- **돌리**(dolly), **트래킹**(tracking): 카메라를 트랙과 같은 플랫폼 위에서 바퀴가 달린 기계 장치에 부착해 움직이게 만드는 기법이다. 트랙을 실제로 설치할 수도 있지만 흔들림을 보정해 주는 스테디캠(Steadicam)을 이용해 촬영 기사가 움직이며 촬영하거나, 촬영자의 움직임에 따른 흔들림이 그대로 전달되도록 핸드헬드 카메라(handheld camera)를 사용하여 촬영할 수 있다. 트랙을 따라가며 촬영하는 것이 좀 더 안정적인 느낌을 준다면 스테디캠은 공중에 떠 있는 듯한 느낌을 준다. 다양한 기계 장치에 카메라를 부착해서 색다른 운동감을 줄 수도 있다. 〈그래비티〉(2013)는 특수한 기계 장치를 개발하여 카메라가 마

---

9 제레미 바인야드, 앞의 책, 12쪽.

10 위의 책, 13쪽.

치 무중력 상태의 우주를 유영하는 듯한 느낌을 실감나게 전달하기도 했다.

- **줌**(zoom): 줌 숏은 카메라가 물리적으로 이동하는 것이 아니라 줌 렌즈로 초점 거리를 변화시킴으로써 대상과의 거리를 조절하는 것이다. 1950년대 개발된 줌 렌즈는 같은 시기 개발된 컬러 영화와 시네마스코프(와이드 스크린)와 함께 관객을 매혹하는 새로운 기술적 요인이 되었다.[11] 줌 렌즈를 통해서 카메라를 움직이지 않고 클로즈업 숏부터 롱 숏까지 다양하게 촬영할 수 있다. 줌은 인간의 눈이 할 수 없는 초점 거리 변화를 가능하게 하기 때문에 부자연스러워 보이기도 하지만, 장면 내의 특정 대상에게 관객의 관심을 집중시키기에는 가장 효과적인 기술이라고 할 수 있다.[12]

세르주 다네(Serge Daney)는 질로 폰테코르보(Gillo Pontecorvo)의 〈카포〉(1960)를 영화가 아닌 글로 보았다고 고백했다.[13] 열일곱 살이었던 세르주 다네는 1961년 『카이에 뒤 시네마』에 실린 자크 리베트(Jacques Rivette)의 글로 영화를 접했

11 수잔 헤이워드, 앞의 책, 343쪽.

12 제레미 바인야드, 앞의 책, 17쪽.

13 세르주 다네, 「〈카포〉의 트래블링」, 『사유 속의 영화: 영화 이론 선집』, 이윤영 편역, 문학과지성사, 2011, 327쪽.

고, 이 글을 통해 카메라의 움직임 뒤에 숨겨진 윤리적 선택을 배웠다. 「천함에 대하여」라는 리베트의 글은 영화 〈카포〉의 마지막 숏을 초래한 카메라 트래킹이 얼마나 비윤리적이었는지 강력하게 비판하고 있다.

> 리베트는 이 비평에서 영화의 줄거리를 말하지 않고 단 한 문장으로 숏 하나를 묘사하는 데 만족했다. 내 기억에 새겨진 그 문장은 바로 이렇다. "〈카포〉에서 리바가 스스로 전기 철조망에 몸을 던져 자살하는 장면을 보자. 바로 이 순간, 마지막 프레임의 앵글에 정확하게 (시체의) 올려진 손을 잡으려고 갖은 신경을 쓰면서 시체를 잡기 위해 앙각으로 트래블링 인(traveling in: 카메라가 피사체 쪽으로 움직여서 이동하는 것)을 하기로 결심한 사람, 바로 이 사람은 가장 깊은 경멸만을 받을 수 있을 뿐이다." 이렇게 단순한 카메라의 움직임 하나가 결코 해서는 안 되는 움직임이 되어 버렸다. 실행하면 명맥하게 '전해지지' 않을 수 없는 카메라의 움직임. 이 몇 줄을 읽자마자 나는 이 글을 쓴 사람이 전적으로 옳다는 것을 알았다.[14]

14 세르주 다네, 앞의 책, 328쪽. 보완 및 수정은 인용자.

영화 〈카포〉는 나치 수용소에서 살아남기 위해 '카포'가 된 소녀 에디트에 관한 이야기다. 수용소 내 중간 관리자에 해당하는 '카포'가 된 에디트는 종전과 함께 나치가 도주하자 그동안 자신의 행적에 죄책감과 자괴감을 느껴 결국 자살한다. 그녀가 높은 곳에서 뛰어내려 죽음을 택하는 마지막 신에서 감독은 관객이 그녀의 시체를 목도할 수 있도록 카메라를 움직여 다가간다. 자크 리베트는 이것이 죽음을 카메라 앞에 전시해서 말초적인 감정을 자극하려는 의도에서 이루어진 것이라고 분석하며 그 천박한 의도를 비판했다. 누군가의 몰락을 보여 주기 위해 거침없이 다가가고, 피사체의 죽음을 인지적으로 처리하기보다 가시적으로 확인하려는 욕망이 이 카메라의 움직임에 담겨 있다는 것이다.

우리가 실제 삶에서 누군가에게 시선을 던질 때 그 시선에는 다양한 느낌이 있다. 누군가를 다정하게 바라볼 수도 있고, 너무 어려워서 제대로 보지 못할 수도 있다. 비난의 시선을 보낼 수도 있고, 곤란에 처한 이를 배려하기 위해 못 본 척할 때도 있다. 이처럼 시선이 가진 다양한 태도를 카메라 역시 가질 수 있다. 카메라의 움직임 자체가 어떤 윤리적 태도를 늘 내포하는 것은 아니다. 하지만 어떤 움직임이 맥락 안에 놓일 때, 그것의 윤리성에 대해서 이야기할 수 있다.

예를 들면, 영화에서 강간 장면이 등장한다고 할 때 연출자는 카메라를 놓는 위치와 그것의 움직임을 설정할 수 있다. 강간당하는 여성의 육체를 강간하는 이의 시선을 통해 훑어 내듯 찍을 것인지, 그녀의 나신을 드러내지 않으면서 상황의 폭력성을 고발할 것인지, 달리 말해 가해자의 시선에서 찍을 것인지, 피해자의 시선에서 찍을 것인지, 다가가며 찍을 것인지, 물러나며 찍을 것인지는 순전히 연출자의 선택에 달려 있다. 어떤 작품은 내용적으로는 피해자의 편에 서는 척하며 시각적으로는 피해자의 육체에 다시 모욕을 가하기도 한다. 카메라의 움직임이 어떤 윤리적 선택을 하고 있는지를 정확하게 파악하는 것이 올바른 분석자의 태도다. 그리고 올바른 분석은 자크 리베트의 글이 세르주 다네에게 했던 것처럼, 영화를 보지 않은 이에게조차 시각의 윤리성을 일깨워 주기도 한다.

3. 미장센

미장센(Mise-en-scène)이란 '무대 장치', '무대에 올린다'라는 뜻의 프랑스어로, 원래 연극에서 쓰던 용어였으나 영화에서 화면을 구성하는 방식을 포괄적으로 일컬어 사용되고 있다. 연극에서는 단순히 세트의 배치를 의미했지만 영화에서는 세트는 물론 인물의 배치와 카메라의 앵글 및 움직임까지도 모두 포함하는 용어가 되었다.

흔히 '작가'라고 불리는 영화 감독들은 자신만의 독특한 미장센을 가지고 있는 경우가 많다. 영화는 예술의 영역 가운데 가장 늦게 발생한 장르인 까닭에 예술의 모든 영역을 넘나들며 다양한 요소들을 활용한다. 그러나 순수한 영상을 지향하는 감독들은 때때로 언어적인 요소를 배제하면서 자신의 생각을 전달하고자 하는데, 이것은 미장센만으로도 의미를 전달할 수 있다는 믿음에 기반을 둔 것이다. 화면 속에 인물, 사물, 자연이 어떻게 배치되어 있느냐에 따라 다양한 정서적 상태를 표현할 수 있을 뿐 아니라, 그것의 변화를 보여줌으로써 서사를 형성하는 것이 가능하기 때문이다.

실제로 신도 가네토(新藤兼人) 감독의 〈벌거벗은 섬〉(1960)은 무성 영화가 아님에도 대사를 사용하지 않았다. 96분의 러닝 타임 동안 영화에서 등장하는 사운드 가운데 인간의 목소리는 주인공 부부가 아들을 잃었을 때 지르는 외마디 비명 하나뿐이다. 그럼에도 불구하고 이 영화는 섬에 사는 가난한 부부의 고된 삶과 그들에게 닥친 예기치 않은 불행, 그럼에도 불구하고 살아낼 수밖에 없는 삶의 비극성을 효과적으로 잘 표현했다.

미장센만으로 인물 간의 관계나 심정적 상태를 효과적으로 드러낼 수 있다. 왕가위(王家衛) 감독은 인물들의 심리 상태를 효과적으로 드러내는 미장센을 구축하기 위해 마스킹 기법을 즐겨 사용했다. 마스킹이란 원래 필름을 화학 처

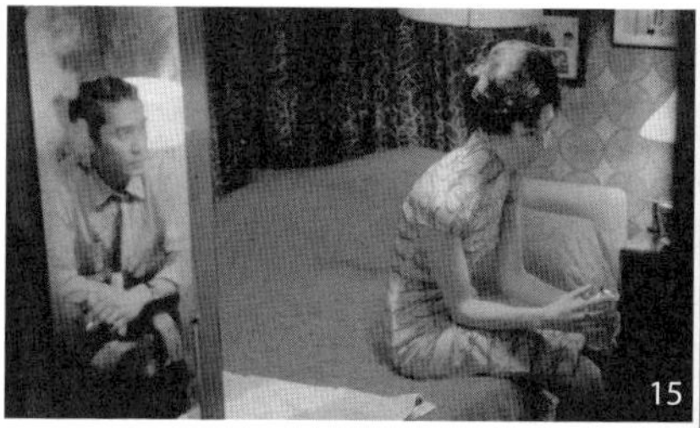

[그림 15, 16] 〈화양연화〉의 인물 배치

리하여 스크린상에 제한된 형태의 화면이 보이도록 하는 것을 가리킨다. 왕가위의 작품은 지형지물을 이용하거나 일부러 카메라를 시각적으로 상당히 제한적인 공간에 위치시키는 물리적인 마스킹을 효과적으로 활용한다. 그의 영화는 미장센으로 인물의 심리와 관계를 잘 드러낸다.

위의 그림은 왕가위의 〈화양연화〉(2006)에서 발췌한 것이다. 단 두 컷만으로도 우리는 영화의 전체적인 분위기와 소재까지 짐작할 수 있다. [그림 15]의 숏 가운데 암적색 침대가 놓여 있다. 하지만 두 인물은 한 공간 안에서 철저하게 분리되어 있다. 수리첸(장만옥)은 침대 끝에 불안하게 걸터앉아 있다. 초모완(양조위)는 반대편에 있는데 거울의 프레임이 마치 그를 가두어 둔 것처럼 보인다. 이 장면은 그들에게 내재된 성적 욕망을 암시하는 붉은 빛이 주조를 이룬다. 하지만 밝고 선명한 빨강 아닌 암적색을 통해 그들이 욕망이 억눌린 상태임을 암시한다. 밀폐된 공간에서조차 자유롭지 못한 그들의 심리 상태가 여러 가지 사물에 가로막혀 분리되어 있는 공간적 배치를 통해 표현되었다. [그림 16]에서 눈여겨보아야 부분은 인물, 배경뿐 아니라 그림자다. 고개를 숙인 두 인물 위에 쇠창살 모양의 그림자가 길게 드리워져 있다. 그들의 육체는 물리적으로 자유로운 상태다. 하지만 그들은 심리적으로 감옥에 갇혀 있는 상태라는 것을 그림자가 은연중에 드러내고 있다. 영화 내용을 모르고 이 장면만 보더라도 관객은 이 남녀가 달콤하게 희망에 부푼 연인이 아니라 암울한 고뇌에 빠져 있는 이들이라는 것을 쉽게 짐작할 수 있다.

이제 실제 내용을 보자. 큰 집에 세 들어 살던 수리첸 부부와 초모완 부부는 이웃이었다. 어느 날 수리첸의 남편과 초모완의 아내가 동시에 사라진다. 그리고 수리첸과 초모완은 서로의 배우자가 불륜 관계였다는 사실을 알게 된다. 수리첸과 초모완은 서로 배우자에게 버림받고 고통스러운 마음을 위로하다 결국 사랑에 빠지게 된다. 그러나 1960년대의 보수적인 사회 분위기와 통념, 그리고 비도덕한 배우자와 같은 선택을 할 수 없다는 자기 의식은 그들이 스스로의 욕망을 좇는 데 걸림돌이 된다. 같은 공간 안에 있지만 자유롭게 마음을 열거나 결합을 추구하는 것이 불가능한 상태가 침대(욕망)와 거울(자기 검열)로 분리된 두 인물의 위치에서 시각적으로 확인된다. 갇혀 있지 않기 때문에 자유로운 삶을 살고 있는 것 같지만 사회적 가치와 윤리적 기준이라는 감옥에 살고 있는 그들의 상태가 미장센을 통해 잘 드러나고 있다.

이처럼 미장센은 영화의 내용과 분위기를 시각적으로 전달하는 데 매우 효과적인 장치로 활용된다. 유사한 스토리라인을 가지고 있더라도 어떤 미장센을 구축하고 있느냐에 따라 영화의 분위기와 주제 전달력에 큰 차이가 생기기 마련이다. 분석자는 화면 안에 있는 인물은 물론 사물의 배치에 담긴 연출자의 의도와 무의식까지 읽어 낼 수 있어야 한다.

07

영화에서 무엇을 들을 것인가?

우리는 영화를 시각적인 예술이라고 생각한다. 그래서 영화에서 들리는 소리에는 주의를 기울이지 않고 무심히 흘려 넘기는 경우가 많다. 사운드를 단지 시각적인 이미지에서 파생된 요소로 여기는 것이다. 그러나 이미지와 사운드는 동시적으로 발생한 것이라기보다 사후에 편집되어 결합된 것이다.

영화학자 카자 실버만(Kaja Silverman)은 영화에서의 음향적 조작을 '봉합(suture)'이라는 개념을 통해 설명한다. 원래 봉합은 '꿰매다'라는 뜻인데, 정신분석학적 영화 이론에서는 관객이 인물의 시점 숏에 자신의 시선을 연결하면서 '영화가 구성하는 주체의 위치'로 '봉합'되는 것을 말한다. 실버만은 숏 편집을 통한 시각적인 봉합을 넘어서 조명, 프레이밍, 카메라 워크 그리고 사운드에서까지도 이러한 '봉합' 작용이 이루어지고 있음을 지적했다.[1] 그는 특히 영화 사운드에서 여

1 쇼히니 초두리, 『페미니즘 영화이론』, 노지승 역, 앨피, 2012, 95쪽.

성 주체에게 부여된 기능과 남성 주체에 부여된 권력이 차별적으로 적용되고 있다고 날카롭게 비판했다.

우리가 주목해야 할 것은 영화 내에서 시각적인 이미지 못지않게 사운드의 영역에서도 인위적인 배치, 고안, 조작을 통해 연출자의 의도가 작용한다는 사실이다. 흔히 관객이 주목하는 대사나 주제 혹은 배경 음악뿐 아니라 음향도 서사 정보 전달이나 관객의 심리적 반응을 유도하는 데 중요한 역할을 하고 있음을 인지할 필요가 있다.

가령 알프레드 히치콕(Alfred Hitchcock)의 〈싸이코〉에 나오는 유명한 샤워 장면을 상기해 보자. 이 영화가 상영되었을 당시 이 샤워 신 때문에 관객들 가운데 일부는 한동안 샤워실에 들어가기를 거부했다는 일화가 전해질 만큼 많은 이슈를 낳기도 한 장면이다.

다음의 [그림 17]은 연쇄 살인범이 여주인공이 샤워하는 곳에 침입해 칼로 난도질을 하여 살해하는 장면의 숏들을 모은 것이다. 이 장면의 공포감 창출은 거의 청각적인 효과에 의존하고 있다. 관객은 여성 인물의 날카로운 비명 소리, 그리고 그것과 거의 비슷한 톤으로 구성된 현악기가 내는 반복적인 사운드를 듣게 된다. 빠른 컷의 전환과 청각을 강하게 자극한 바이올린 소리로 인해 관객은 피가 난무하는 잔인한 살해 장면을 목격했다고 생각한다. 그러나 이 장면의 사운드를 끄고 시각적 이미지만 두고 분석해 보면 관객은 실제

[그림 17] 〈싸이코〉의 샤워 시퀀스

로 흉악한 살인자의 모습도, 신체가 절단되거나 훼손되는 모습도 보지 못했다는 사실을 깨닫게 된다.

[그림 17]에서 볼 수 있는 것처럼 제시된 실제 이미지들은 피살자의 얼굴 클로즈업, 살인자의 실루엣, 샤워기, 샤워기에서 내려오는 물, 살인자가 칼을 높이 치켜든 모습, 칼을 든 손, 여자의 복부에 다가간 칼, 신체 클로즈업, 발 밑으로 흘러가는 핏물, 샤워 커튼을 움켜쥔 손, 쓰러진 여자의 모습, 물이 내려가는 수챗구멍 등이 전부다. 그나마 살인자와

칼이 등장하는 장면은 샤워기 물줄기과 수증기로 흐려져 있고, 칼이 여자의 신체에 밀착될 때는 화면이 블러 처리되어 선명하게 보이지 않는다. 이렇게 영화의 사운드는 관객에게 시각적 이미지 정보를 과장되게 해석하거나 증폭된 정서 상태에 도달하도록 만들기도 한다.

한편 대사는 사운드의 영역에서 가장 명시적인 의미 전달의 체계다. 클레르 바세(Claire Vassé)는 대사의 특징을 다음과 같이 정리하고 있다. 대사는 말이 가진 정보 교환의 기능을 폭넓게 활용하여 정보를 전달한다. 대사는 인물의 개인적 특징과 그가 속한 사회적 집단의 특징을 반영하며, 시대적 배경을 드러낸다. 각 장르마다 고유한 대사 유형이 있고, 때로는 작가의 특성을 반영하기도 한다. "말을 한다는 것은 의사 표명을 하는 것이고, 권력을 쥐는 것이며, 스스로에게 말할 권리를 주는 것이고, 상대방에게 명령하는 것이며, 그를 유혹하는 것이고, 설득하는 것이며, 강제하는 것이고, 욕망하는 것이다."[2] 그러므로 영화 속에서 대사는 극적 갈등을 야기하고 그것이 풀려 나가는 방식을 명확하게 보여 준다. 또한 '보이스 오버' 같은 화면 밖의 목소리를 통해 이야기를 해설하는 역할을 수행하기도 한다.[3]

2 클레르 바세, 『대사』, 박지회 역, 이화여자대학교 출판부, 2010, 21쪽.

3 위의 책, 15-26쪽. 발췌 및 정리는 인용자.

배경 음악은 크게 영화를 위해 창작된 곡(Original Sound Track), 기존에 있었던 곡이지만 영화의 분위기에 잘 들어맞아 선택된 삽입곡이 있다. 일반적으로 음악은 서사의 진행에 일치된 분위기를 창출하는 역할을 한다. 로맨틱한 분위기를 고조시키거나 공포감을 극대화하거나 유머러스한 분위기로 전환하는 등 관객에게 기대되는 정서적 반응을 이끌어 내도록 돕는다.

음악을 통한 인위적인 감정 유발을 선호하지 않는 감독들은 영화에서 배경 음악을 아예 배제하기도 한다. 물론 배경 음악이나 인위적인 음향 효과가 삽입되지 않았다고 해서 영화의 사운드가 실제음으로만 이루어진 것은 아니다. 영화의 청각적 이미지는 시각적 이미지만큼이나 정교하게 통제되고 편집된 결과다.

밀로스 포만의 〈아마데우스〉(1984)처럼 음악이 인물 못지않게 주요한 요소로 등장하는 영화도 있다. 이 작품에서는 세속적인 성공을 얻었지만 시대를 앞서가는 명곡을 작곡하는 데에는 실패한 모범생 살리에리의 삶과, 시대를 초월하는 명곡을 남긴 천재 모차르트의 삶을 대조적인 선율을 통해 제시한다. 1970년대 영국 대중음악계를 사로잡았던 글램 록의 세계를 다룬 〈벨벳 골드마인〉(1998) 같은 영화 역시 사운드트랙을 빼놓는다면 아무런 재미도 느낄 수 없을 것이다.

어떤 영화 음악은 그 자체로 영화를 대표하기도 한다.

음악이 재생되는 순간 자동적으로 영화의 한 장면이나 영화 전체를 떠오르게 만드는 것이다. 〈타이타닉〉의 주제곡 〈My heart will go on〉을 떠올려 보자. 이 곡은 로즈(케이트 윈슬렛)과 잭(레오나르도 디카프리오)의 선상 위 로맨틱한 포옹 장면을 자동으로 연상시킨다. 뿐만 아니라 이 영화의 주제인 운명적 사랑을 대표하는 테마곡이 되어 다른 영화나 예능에서 다양하게 패러디되었다.

영화에서 음향은 공간을 구성하기도 한다. 스토리 공간 내의 인물이나 대상이 음원인 경우, 이것을 '내재 음향'이라고 한다. 내재 음향은 화면 공간 내의 인물이나 물체가 내는 소리인 '내화면 내재 음향(onscreen diegetic sound)'과 화면 밖에서 나는 소리지만 전후 장면을 통해 음원이 어디 있는지 파악할 수 있는 '외화면 내재 음향(offscreen diegetic sound)'이 있다. 극중 인물의 내면에서 일어나는 사고를 소리로 들려주는 '내적 내재 음향(internal diegetic sound)'이 있고, 공간의 외부를 보여 주면서 공간 내부에서 나는 소리를 들려주는 '외적 내재 음향(external diegetic sound)'도 있다.[4]

내재 음향은 평면적으로 재현된 공간을 현실적으로 인지하게 해 준다. 때로는 편의상 실제 촬영이 이루어지지 않

4 내재 음향에 관해서는 서정남, 『영화서사학』, 생각의나무, 2004, 73-74쪽 참고.

은 공간을 소리만으로 형상화해 주기도 한다. 예를 들어, 책상에 앉아 있는 인물의 모습을 담은 화면을 보여 주면서 식당 소음, 도서관 잡음, 수업하는 선생님의 목소리 등 배경 소리에 변화를 줄 수 있다. 관객은 소리를 기준으로 인물이 앉아 있는 공간을 다르게 인지한다. 사운드 편집만으로도 다양한 공간 연출이 가능해진다.

도청 전문가의 이야기를 다룬 프랜시스 포드 코폴라(Francis Ford Coppola)의 〈컨버세이션〉(1974)는 사운드가 영화의 주인공이라고 해도 과언이 아니다. 도청 전문가로 분한 진 해크먼은 영화 속의 다른 인물들과 대화를 나누는 것보다 자신이 채집한 사운드를 완성하고 그 안의 메시지를 판독하는 데 집중한다. 그가 턴테이블에 올려놓은 재즈 음반을 들으며 합주하는 장면은 외부와 단절된 채 소리에 파묻혀 사는 데 만족하고 있는 그의 삶을 상징적으로 잘 보여 준다. 뿐만 아니라 이 장면은 후에 그 역시 도청당하고 있었음을 알려주는 기능적인 역할을 수행하기도 한다.

이처럼 사운드는 영화 안에서 시각적 이미지의 부수적인 것이거나 시각적 이미지가 만들어지는 가운데 파생된 것이 아니라, 영화 전체를 이끌어 나가는 중요한 역할을 맡고 있다. 그러므로 분석자는 자신이 보고 있는 장면에서 사운드 트랙(대사, 음향, 음악을 모두 포함)이 어떻게 시각적 이미지와 교섭하고 있는지를 인지해야 한다. 영화에서 사운드는 발생하는 것이 아니라 섬세하게 창조되어 편집된 것이란 점을 잊지 말아야 한다.

08

영화 밖에서 무엇을 참고할 것인가?

1. 감독

1948년 작가이자 영화 감독이었던 알렉상드르 아스트뤽(Alexandre Astruc)은 「새로운 아방가르드의 탄생: 카메라-펜(Birth of a New Avant-Garde: The Camera-Pen)」이라는 글을 발표했다. 그리고 이 글은 후에 '작가주의'라는 개념을 탄생시킨 씨앗이 되었다. 그는 이 글을 통해 영화가 문학이나 회화처럼 새로운 표현 수단이 되었으며, 감독은 이제 더 이상 기존에 존재하던 텍스트(소설, 시나리오)를 영화적으로 수행하는 사람이 아니라 자기 자신의 창조적인 예술품을 만드는 창작자라고 선언했다.[1]

초창기 영화들은 내용적 새로움보다 기술적 경이가 더 중요했기 때문에 오락적·산업적인 측면이 강했다. 아스트뤽

1 Robert Stam, *Film Theory*, Wiley-Blackwell, 2000, p. 83.

의 글은 영화가 초기의 그런 특징들에서 벗어나 예술의 한 장르로 자리매김하고 있음을 보여 준다. 1954년 프랑스와 트뤼포가 프랑스의 영화 전문지 『카이에 뒤 시네마』에 「프랑스 영화의 어떤 경향」이라는 제목으로 발표한 글은 여기서 더 나아갔다. 그는 고전적인 '문예 영화(프랑스의 문학 작품을 원작으로 하여 만들어진 웰메이드 영화들)'를 '아버지 영화'라고 배격하고 새로운 영화적 형식과 실험을 도모하는 정신의 도래를 선언했다.[2] 이후 영화를 개인의 예술 창작품으로 간주하는 '작가주의' 개념이 영화 분석의 주요한 틀로 자리 잡게 되었다.

『카이에 뒤 시네마』에 글을 기고하던 트뤼포, 고다르, 리베트 등과 같은 평론가들은 후에 자기만의 독특한 영화 세계를 구축한 감독으로 활동하며 '누벨바그'라는 영화적 흐름을 만들었다. 그들은 일군의 감독들에게 '작가'라는 호칭을 붙였다. 그리고 공동 작업을 통해 성취되는 예술인 영화를 감독 개인의 세계관과 가치관이 투영된 개인의 창작물로 간주했다.

'작가(auteur)'라는 호칭이 부여된 감독들은 대체로 시나리오 창작과 연출을 겸하며, 자신만의 독특한 작품 세계를

---

2 Robert Stam, 앞의 책, p. 84.

일관되게 보여 주는 이들이었다. 이러한 태도는 영화의 산업적인 측면을 간과하고 수많은 스텝들의 노고를 한 명의 감독에게 돌린다는 면에서 그 정당성에 반론의 여지가 있다. 그러나 이와 같은 관점을 채택할 때 갖게 되는 이점도 있다. 한 감독이 연출한 여러 작품들을 서로 견주어 볼 때 개별 작품이 가지고 있는 의미와 구조를 넘어서 감독의 세계관과 영화 문법을 이해할 수 있게 된다. 그리고 이것은 다시 분석자를 개별 작품에 대한 좀 더 심화된 이해로 안내한다.

예를 들어, 허우샤오시엔(侯孝賢) 감독의 〈연연풍진〉(1986)이라는 작품을 분석할 때, 단순히 그 작품만을 놓고 논하기보다 그의 '성장기 4부작'이라고 불리는 〈펑쿠이에서 온 소년〉(1983), 〈동동의 여름방학〉(1984), 〈동년왕사〉(1985) 등과 연장선상에 놓고 보아야 더욱 풍부한 의미를 발견할 수 있게 된다. 이 연작은 성장기 소년이 거치는 다양한 입사 체험을 다룬다. 각각의 유사성과 차이를 비교하거나 정체성 형성에 결정적인 영향을 미치는 아버지상을 분석해 보면 감독의 세계관뿐 아니라 개별 작품을 이해하는 데 도움이 된다.

박찬욱의 〈친절한 금자씨〉(2005)에 나타난 '복수'나 '구원'의 모티프 등도 그의 '복수 3부작'이라고 불리는 〈복수는 나의 것〉(2002), 〈올드 보이〉(2003) 등과 함께 비교했을 때 더 효과적으로 이해할 수 있다. 한 편만 두고 분석할 때보다 세 편을 묶어 각각의 영화에서 '복수'와 '구원'의 의미가 어떤 동일성과 차이를 가지고 있는지 분석할 때 더 깊이 있고 타당한 해석에 도달할 수 있기 때문이다.

감독은 영화 내부에 등장하는 존재는 아니지만 영화 밖에서 모든 제작 여건과 서사적 진행을 결정하는 역할을 맡고 있다. 한 감독이 지향하는 세계관은 일관되기도 하고, 어떤 변화를 거쳐 달라지기도 한다. 그런 일관성과 변화를 한 편의 작품으로 파악하기 어려울 수 있다. 때로는 감독의 다른 작품이나 인터뷰를 통해 명시된 지향들을 염두에 두고 분석하고자 하는 작품에 접근할 때, 대상 작품 자체만 두고 봤을 때는 눈에 들어오지 않았던 요소들이 의미의 수면 위로 떠오르기도 한다.

2. 작품의 배경

단순하게 작품의 배경이라고 썼지만 영화 외적으로 작품을 둘러싼 배경은 다양하다.

첫째, **영화사적인 배경**을 들 수 있다. 앞서 예로 든 허우샤오시엔의 경우, '대만 뉴웨이브'라는 영화사적 조류에 속하는 감독이다. 영화사적으로 '뉴웨이브'는 앞에서 기술한 프랑스 '누벨바그'에서 파생되었지만 지금은 기존 영화계의 흐름에 반발하는 작가주의 예술 영화 운동을 통칭하여 부르는 명칭이 되었다. '대만 뉴웨이브'란 1980년대 새롭게 등장한 대만 영화의 한 조류로 로케이션 촬영, 실제 언어의 반영, 스타 시스템의 거부 등을 특징으로 삼고 있다. 허우샤오시엔은 에드워드 양(Edward Yang)과 함께 대만 뉴웨이브 1세대라고 불리며, 오락성과 상투성을 거부하고 사실주의적 색채가 강한 예술 영화를 통해 대만 영화를 세계적으로 알리는 데 큰 공헌을 했다. 이처럼 어떤 영화가 탄생하게 된 영화사적인 배경을 안다면 그 영화의 형식적 특성이 발생한 연유와 그것이 지니는 의미를 쉽게 이해할 수 있다. 그리고 기법이나 주제를 분석하는 데 좀 더 수월하게 접근할 수 있다.

둘째, **영화의 제작 여건, 영향받은 감독들, 감독과 배우와의 관계**도 영화의 배경 지식으로 활용될 수 있다. 이것이 영화를 설명하는 주도적인 틀이 될 수는 없지만 흥미로운 설정들을 파악하는 데 도움이 된다.

이탈리아 네오리얼리즘의 거장 로베르토 로셀리니(Roberto Rossellini)는 스웨덴 출신 헐리우드 배우였던 잉그리드 버그만(Ingrid Bergman)과 결혼했다. 그리고 그 기간 동안 자신이 만든 거의 모든 작품에 그녀를 주연으로 기용했다. 로셀리니 연구자들은 이 시기를 '로셀리니-버그만 시기'라고 명명하기도 했다.[3] 이탈리아어에 익숙하지 않았던 버그만이 이탈리아를 배경으로 한 영화에 등장하기 위해서는 여러 가지 서사적 장치를 고안하지 않으면 안 되었다. 〈스트롬볼리〉

(1950)와 같은 작품이 대표적인데, 여기서 그녀는 전후 리투아니아인 포로수용소에 갇혀 있다가 수용에서 벗어나기 위해 이탈리아 어부와 결혼하는 난민 여성으로 등장한다. 그녀가 스트롬볼리 섬에서 생활하면서 다른 주민들과 영어로 대화하는 장면을 자연스럽게 넣기 위해 감독은 스트롬볼리 섬의 주민 대부분이 미국으로 이민을 갔다 돌아온 역이민자라는 설정을 배치했다.

이 시기 로셀리니의 영화는 제작국인 이탈리아보다 미국을 비롯한 외국에서 더 큰 인기를 끌었다. 그리하여 이탈리어 판본과 영어 판본으로 동시 제작되기도 했고, 각각 언어적 판본마다 세부 사항들이 달라지기도 했다. '로셀리니-버그만 시기'의 로셀리니의 영화는 그가 초창기부터 관심을 가지고 있었던 종교적인 문제뿐 아니라 언어와 소통의 문제를 심각하게 다루고 있다. 이것은 그의 개인사적인 문제가 영화적 세계까지 침투한 결과라고 해석할 수 있다.

셋째, **작품이 창작된 시대적 배경**을 알아 둘 필요가 있

---

3 피터 브루넷은 로셀리니가 잉그리드 버그만과 교류를 시작하고 결혼하면서 만들었던 작품들을 '버그만 시기' 작품으로 규정하는데, 그 시기를 구분하는 근거로 로셀리니와 버그만이 사적으로 나누었던 서신을 분석한다. 또한 거기에서 드러난 정신적 교감을 작품의 창작 배경을 추론하는 근거로 활용하고 있다. : Peter Brunette, *Roberto Rosellini,* University of California Press, 1996.

다. 사운드 분석에서 언급한 〈컨버세이션〉(1974)은 배경 요인이 작품 분석에서 중요한 역할을 한다. 이 영화는 우선 영화사적인 맥락에서 보면 미켈란젤로 안토니오니(Michelangelo Antonioni)의 〈욕망〉(1966)을 프랜시스 코폴라적으로 재해석한, 즉 안토니오니의 원작에 대한 코폴라의 오마주(hommage)[4]라고 할 수 있다. 이 영화에는 '도청'이 주요 모티프로 등장한다. 이것은 이 작품이 만들어질 당시 미국의 가장 큰 정치적 이슈였던 닉슨 대통령의 도청 사건, 즉 '워터게이트 사건'과 깊이 연관되어 있다. 이 작품에는 '도청' 가능성에 대한 강박적 불안과 정치적 권력에 대한 불신이 짙게 깔려 있다.

이 외에도 영화가 제작된 시기의 전반적인 예술적 사조, 시나리오와 원작의 관계, 영화 제작 당시의 경제적·정치적 상황들에 대해 알고 있으면 영화 분석에 많은 도움이 된다. 그러므로 한 편의 영화를 정확하고 깊이 이해하기 위

4 『두산백과』에 따르면, 오마주는 프랑스어로 존경과 경의를 뜻한다. 영화에서는 보통 후배 영화인이 선배 영화인의 기술적 재능이나 그 업적을 기리며 감명 깊은 대사나 장면을 본떠 표현하는 행위를 가리킨다. 영향을 받은 영화의 특정 장면을 자신의 영화에 응용하거나 존경하는 감독의 영화 장면을 자신의 영화 속에 삽입하여 존경을 표하기도 하며, 특정 감독의 스타일을 차용하는 오마주도 있다.(https://terms.naver.com/entry.nhn?docId=1224906)

해서는 다방면으로 폭넓은 지식을 쌓아 두는 것이 매우 중요하다.

3. 수용자 반응

현대는 '영상의 시대'라고 불릴 만큼 영화의 사회적 영향력이 막강해졌다. 그러므로 영화를 비평할 때 작품 내적 의미를 파악하는 것도 중요하지만 작품이 사회에 불러일으킨 반향을 살펴볼 필요가 있다. 이를 위해 수용자 반응에 초점을 맞춰 영화를 읽어볼 수 있다. 한 시기 유사한 장르가 지속적으로 흥행에 성공하는 이유, 여기에 반영된 대중들의 심리, 사회적으로 논란이 된 작품과 그 이유 등을 분석해 볼 수 있다.

공지영의 동명 소설을 원작으로 한 영화 〈도가니〉는 영화의 사회적 영향력을 잘 보여 주는 작품이다. 이 영화는 언론에서도 보도되었던 한 특수 학교에서의 장애 아동 성폭행 사건을 다루었다. 이후 공지영 작가가 현지 조사를 거쳐 소설을 구상했고, 이를 인터넷상의 문학 웹진에 연재했다. 이 연재는 독자 커뮤니티를 형성하며 열띤 반응을 불러일으켰다. 연재물은 다시 종이 위의 활자로 인쇄되어 출간되었고, 40만 부 이상 팔려 나갔으며, 영화로 제작된 뒤 466만 이상의 관객이 영화를 보았다. 관객들은 다시 인터넷 카페를 통해 감상평을 공유하고, 포털 사이트 다음의 '아고라'를 통해 서명 운동을 벌였다.[5] 영화 개봉 이후 원작 소설은 20만 부가 추가 판매될 만큼 다시 관심을 모았다. 영화를 본 관객들의 분노는 '도가니 열풍'이라고 불리며 언론에 보도되었다. 사건에 대한 대중적 관심은 국회에서 일명 '도가니법'이라고 불리는 장애 아동 성폭행에 관한 특별법이 발의되고 인준되게 만드는 실질적인 사회 변화까지 이끌어 내었다. 영화 〈도가니〉가 만들어지는 과정과 개봉 이후 관객 반응은 현대 사회에서 다양한 매체 가운데 영화의 사회적 영향력을 실체적으로 보여 주는 현상이라고 할 수 있다.[6]

'수용자 반응'을 연구하기에 가장 손쉬운 방법은 전문적인 수용자층인 비평가나 영화 전문 기자들의 반응과 평가를 살펴보는 것이다. 잡지나 신문에 실린 글을 분석하여 그 작품에 관한 기사들이 대체로 어떤 반응을 보이고 있으며, 그것이 자신의 견해와 얼마나 다른지 혹은 같은지를 비교해 볼

---

5 영화에 대한 관객들의 다양하고 직접적인 반응에 대해서는 조흡·오승현의 「문화적 공론장으로서 〈도가니〉」, 『문학과영상』 13, 2012, 837-864쪽 참고.

6 소설과 영화가 가진 상대적인 매체 영향력과, 매체 환경 변화에 따라 서사 구현이 어떻게 전 단계의 매체와 경쟁·보완·수정하는지에 관해서는 김지미, 「문학과 영화의 '재매개': 서사적 제휴와 변용의 이론과 실제」, 『현대문학연구』 45, 2015, 451-487쪽 참고.

수 있다. 예를 들면, 김기덕 감독의 작품은 해외 영화제를 통해 많이 알려지고 호평을 받기는 했지만 국내에서는 찬반 양론이 끊이지 않았다. 그와 같은 공방은 주로 작품 안에서 그가 여성 인물을 다루는 방식의 폭력성과 관련해 벌어졌다. 이에 대한 비판이나 찬사의 타당성, 혹은 국내외 평단의 호응도 차이에 대해 분석해 보는 것도 흥미로운 논의가 될 수 있다.

또 영화의 흥행 성적을 검토해서 대중적인 호응도를 분석해 볼 수 있다. 인터넷 관객 별점이 전문 평론가 집단의 평가와 괴리될 경우 그 원인을 밝혀 볼 수도 있다. 어떤 영화가 영화 산업 이외의 다른 분야에 미친 영향을 연구해 볼 수도 있다.

예를 들면, 2001년 개봉한 〈엽기적인 그녀〉에서 전지현이 연기한 주인공은 사회적 반향을 불러일으키며 시대의 아이콘이 되었다. 이 영화로 인해 '엽기'라는 단어의 내포적 의미도 달라질 정도였다. 이와 같은 현상을 분석하기 위해 다음과 같은 질문을 제기할 수 있다. 이 영화의 주인공은 이전 시대의 여성들과 어떻게 다른가? 관객들은 왜 이 영화에 열광하였는가? 인터넷 소설을 원작으로 한 이 영화의 성공이 이후 영화 제작의 판도에 어떤 영향을 주었는가? 이와 같은 질문에 답을 찾기 위해서는 영화뿐 아니라 당대 사회에 대한 연구도 필요하다.

2018년 전 세계 영화계를 뒤흔든 '미투(Me too)'와 '위드유(With you)' 운동은 영화계 내 여성 인권에 대한 근본적인 질문을 던져 주었다. 미라맥스의 설립자이자 와인스타인 컴퍼니의 대표였던 하비 와인스타인(Harvey Weinstein)의 성추행 사건에서 비롯된 이 사건은, 그가 재능 있는 신인 감독들의 든든한 지원군이자 작품성 있는 저예산 영화들의 버팀목이었기 때문에 더 큰 충격을 주었다. 수많은 영화 관계자와 스태프들이 비정상적인 관행을 눈감아 주었기에 수십 년간의 비행이 가능할 수 있었다. 와인스타인에 대한 폭로 이후 전 세계 영화계에는 국경을 초월해 고발이 줄을 이었다. 이후 영화 제작을 방패 삼아 자행되었던 수많은 폭력들이 드러났다. 한국도 예외는 아니었다. 세계 유수의 영화제에서 명망을 쌓았던 감독들의 작품을 어떻게 보아야 할 것인가에 대한 논의가 시작되었고, 신작에 대한 보이콧 움직임도 있었다.

이제 이 운동은 단지 성폭력 고발에 그치지 않고, 불평한 작업 환경의 문제까지 재고할 것을 촉구하는 방향으로 확장되어 가고 있다. 예를 들면, 남성 위주의 서사로만 가득한 제작 현황, 동일 영화 같은 직급에서 남녀 성차에 따른 임금 차별, '화이트 워시'와 같이 백인 위주의 캐스팅 등이 그것이다. 미투 운동은 단지 몇 편의 영화가 아니라 영화 산업 전체에 팽배한 성적 불평등과 그것을 양산한 세계 자체에 대한 인식적 전환의 계기가 되었다고 볼 수 있다.

이처럼 영화에 반영된 사회적인 변화나 대중들의 기대들을 분석해 보거나, 반대로 하나의 영화나 특정 장르가 한 시기 어떤 사회에 미친 영향에 대해 분석해 볼 수 있다. 이는 영화를 단순히 미학적 평가의 대상으로 보는 데서 벗어나 커뮤니케이션의 수단으로, 사회 구조 변화의 원인이나 결과로서 바라볼 수 있게 해 준다.

09

영화평,
이렇게 쓸 수 있다

이제 우리는 영화 비평을 하기 위해 다양한 각도에서 준비를 해야 한다는 것을 알고 있다. 그와 같은 준비가 실제 비평문 작성에 어떻게 반영되는지 지금부터 살펴 보려고 한다.

다음은 저스틴 커젤(Justin Kurzel)의 〈맥베스〉(2015)를 분석한 글이다. 앞에서 익힌 내용을 바탕으로 다음 글을 읽으며 비평문을 작성을 위해 어떤 준비가 필요하고, 어떤 과정을 거쳐 완성되었는지 생각해 보자.

〈맥베스〉— 권력의 화염, 영원 회귀의 굴레[1]

1. 채워지지 않는 결핍-죽은 아이

셰익스피어는 감독에게 '계륵'이다. 그 어떤 원작보다 강렬

1 김지미, 「맥베스 — 권력의 화염, 영원회귀의 굴레」, 『씨네21』, 2015. 12.15.(http://www.cine21.com/news/view/?mag_id=82376)

하게 권위의 무게로 짓누르지만 삶에 대한 깊은 통찰이 담긴 강렬한 드라마의 유혹은 너무나 달콤하기 때문이다. 그 가운데 특히 〈맥베스〉는 감독들이 탐내는 원작 중 하나로, 맥베스의 욕망과 불안은 매번 다른 옷을 입고 스크린 위를 비틀거리며 거닐었다. 저스틴 커젤의 〈맥베스〉는 동일한 원작을 둔 다른 영화들과 서두부터 그 차이가 확연히 드러난다. 로만 폴란스키, 오손 웰즈의 〈맥베스〉가 모두 원작처럼 세 마녀들로, 구로사와 아키라의 〈거미의 성〉이 신비로운 '성(城)'에서 시작하여 일단 신비감과 공포감을 극대화하는 세팅에서 출발했던 것과 전혀 다른 길을 택했다. 그리고 이 설정은 맥베스가 자신의 부인과 공모하여 덩컨 왕을 암살하고, 그렇게 획득한 왕권의 안위에 대해 불안감을 떨쳐버리지 못해 결국 스스로를 파멸로 이끌게 되는 모든 욕망의 근간이 된다.

커젤의 〈맥베스〉는 아이의 장례식이라는 비극적 사건에서 시작된다. 맥베스는 아직 체온도 식지 않은 것처럼 보이는 뽀얗고 하얀 아가의 눈두덩에 명복을 비는 작은 돌멩이를 올린다. 아이의 시신을 바라보는 레이디 맥베스의 초점 잃은 눈빛은 슬픔으로 곧 무너질 듯하다. 아이의 시신이 화염 속으로 사라진다. 축복인지 저주인지 알 수 없었던 마녀들의 예언을 담은 맥베스의 편지는 맥베스 부인이 아이의 죽음으로 잃었던 삶에 대한 의지를 회복시켜 준다. "나에게서 여성을 가져가고, 머리끝부터 발끝까지 복수심을 채워다오. 이 품안에 들어와서 여자의 젖을 담즙과 바꿔다오. 너희들은 도처에서 자연의 악행을 거들지 않았느냐"던 맥베스 부인의 대사가 원작에서 그녀를 야심만만한 '악녀'로 읽게 했다면, 이 영화에서 그것은 아이 잃은 어미의 상실감과 방향성 없는 복수심으로 의미 전환된다.

맥베스 부부는 아이를 잃은 고통을 권력에 대한 욕망으로 대체하고, 왕의 암살을 도모하기로 하는 데 합의한다. 이 욕망의 치환 과정은 아내가 남편에게 살인을 사랑의 증명으로 받아들이겠다고 협박한 원작의 대사를 통해서도 유추할 수 있지만, 대사의 추상성을 섹스의 구체성으로 확인시켜 준 파격적 해석이 드러난 장면을 통해 매우 극적으로 나타난다. 그들에게 암살은 재생산의 실패(아이의 죽음)를 잊게 하고, 그 여파로 그들에게 몰아닥친 죽음의 충동으로부터 벗어나 에로스 충동, 즉 삶에 대한 의지를 회복하는 과정인 셈이다.

2. 상속되는 권력-아버지와 아들

문제는 왕권이 원칙적으로 아버지에게서 아들로 상속된다는 데 있다. 그러므로 이 부부의 합의는 일시적인 봉합은 될 수 있으나 근원적인 해결이 되지 못한다. 감독은 맥베스 부부에게 아이가 없다는 사실을 쉼 없이 강조한다. 맥베스와 함께 전장에서 귀환한 뱅코우에게는 따뜻한 볼을 부비는 아들이 있다. 그는 스스로 왕이 되지 못하지만 대대손손 왕을 낳으리라는 예언의 주인공이다. 이때 아들의 왕위에 대한 약속은 개별적인 개체에 대한 성공을 예견하는 것뿐 아니라 아버지에게 있어 삶의 연장, 안위가 보장된 미래를 의미하게 된다. 맥베스가 찬탈한 왕위가 공허한 것은 그의 뒤를 이어줄 후사가 없기 때문이다. 맥베스가 왕권을 획득하기 전까지 애써 무의식에 가둬뒀던 그의 결핍은 왕위에 오른 이후 의식의 수면 위로 부상한다. 맥베스를 코더의 영주로 만들어 준 전투에서 그는 손수 한 소년의 팔목에 아대를 감아 주고 얼굴에 용사의 표식을 그려준다. 하지만 그런 보람도 없이 소년은 무참히 죽는다. '죽음'의 동일성을 매개로 소년이 아들을 대신하여 맥베스의 무의식에 침투한다. 덩컨 왕의 시해를 두고 망설일 때 소년병은 단검을 들고 그를 인도한다. 맥베스가 맥더프와 최후의 결투를 벌일 때도 소년은 멀리서 그의 패배를 말없이 지켜본다. 소년병은 그가 실제로는 상실한, 그렇기에 너무나도 절실했던 아들에 대한 욕망이 만들어 낸 환영이다. 그의 상실감이 낳은 대체재이며, 실패한 욕망의 대리물인 것이다.

커젤은 레이디 맥베스에 대해 구로사와가 썼던 욕망의 지도를 반대 방향으로 배치했다. 와시즈(〈거미의 성〉에서 맥베스 역할에 해당하는 인물)의 부인이 권력 획득을 위해 수단·방법을 가리지 않은 것은 뱃속의 아들로 정당화된다. 그녀는 아이를 유산한 직후 자신이 저지른 악행의 무게를 견디지 못해 이성과 생명을 잃고 말았다. 그러나 이 작품에서 맥베스 부인은 아이의 죽음으로 상실했던 생에 대한 의지를 권력에 대한 욕망으로 대리 충족하려 했다. 그러나 그것이 결국은 더 많은 살인을 불러올 뿐이라는 사실을 목도한 뒤 모든 욕망을 놓아버린다. 맥베스의 야망에 기름을 붓던 아내는 맥더프 가족을 처형하는 남편의 눈빛에서 광기를 확인하고, 그가 왕이 아니라 괴물이 되었음을 알게 된다. 그 이후 그녀는 범죄의 혈흔을 지우려고 애쓰며 회한의 읊조림을 반복한다. 그때 그녀 앞에 죽은 아들의 환영이 나타난다. 이 장면을 통해 셰익스피어가 레이디 맥베스로부터 거세하려 했던 '모성'을, 커젤은 오히려 그녀의 존재론적 근간으로 삼고 있음을 알 수 있다.

3. 폭력의 트라우마

파스밴더가 인터뷰에서 밝힌 것처럼 커젤의 맥베스를 움직이는 가장 큰 동력은 '외상 후 스트레스 장애'다. 그는 아이를 잃었고, 아이의 대체재로 생각했던 소년병조차 지키지 못했다. 그뿐 아니라 권력을 획득하기 위해 끊임없이 휘둘러야만 하는 물리적 '폭력'에 일상적으로 노출되어야 한다는 사실 역시 그를 신경 쇠약으로 모는 이유처럼 보인다. 영화 초반의 전투 신은 그것을 가장 효과적으로 보여 준다. 병사들은 용맹한 함성과 달리 공포에 질려 있고, 시각적·정서적으로 적군과 아군의 경계도 분명하지 않다. 그들은 그저 살기 위해 싸울 뿐이고, 실패는 말 그대로 죽음을 의미한다. 전투에서 승리한 후 그들이 몸을 누이고 잠을 청하는 곳이 무덤의 형상을 하고 있는 것은 삶과 죽음의 경계가 그만큼 가깝다는 것을 암시한다.

맥베스가 겪고 있는 폭력의 트라우마는 신체적 상처를 통해 가시화된다. 영화의 시작부터 끝까지, 상처는 파스밴더의 육체의 일부로 자리잡고 있다. 특히 그의 목에 난 상처는 클로즈업 숏에서조차 그 존재감을 과시한다. 아마 그것은 첫 번째 전투에서 얻은 것일 텐데 그 상처가 선명할 때 그는 던컨을 죽이고 왕이 되었다. 말콤 왕자가 부대를 이끌고 돌아왔을 때 그는 여전히 아물지 않은 상처 위에 다시 갑옷을 입고 던시네인 성을 지키기 위해 출정한다. 상처가 아물 틈도 없이 계속해서 폭력의 현장으로 내몰려야 하는 것이 그의 삶이고 운명이다.

커젤 감독은 〈스노우 타운〉(2011)에서 물리적 '폭력'이 초래하는 정신적 트라우마의 문제를 '고찰'한 적이 있다. 다큐멘터리를 연상시킬 만큼 건조했던 〈스노우 타운〉의 화법과 〈맥베스〉의 시적인 영상 그리고 두 작품의 배경이 되는 시공간적 차이로 인해 두 텍스트는 얼핏 완전히 다른 영역을 지향하고 있는 것처럼 보인다. 하지만 '정의'라는 이름으로 행사되는 자의적인 물리력과 그 폭력성 앞에 무방비한 상태로 노출되어 있는 미성년의 얼굴을 포착하는 감독의 시선은 놀랍도록 일관된다. 〈스노우 타운〉에서 무기력한 엄마와 아버지역을 자처하는 엄마의 남자친구에 의해 자행되는 폭행에 어떻게 반응해야 할지 난감해 하는 소년 제이미의 얼굴이 〈맥베스〉의 수많은 소년병들과 플리언스, 맥더프의 아이들과 겹친다. 그리고 그것은 때때로 마녀들의 예언에 맹목적으로 의지하고 있는 맥베스의 얼굴 위에서조차 일렁거린다. 감정적·상황적 동일성뿐 아니라 클로즈업을 통해 인물의 내면을 파고드는 시각적 유사성이 동질감을 더 가중시킨다. 폭력이 인간의 삶에 야기하는 물리적·정신적 잔혹함에 집중하면서도 폭력을 선정적으로 전시하지 않는다는 점(커젤의 〈맥베스〉에서 우리는 수많은 살인을 목도하지만 신체가 훼손되는 과정을 목격할 수는 없다)에서 커젤의 작품은 폴란스키의 〈맥베스〉(1971)와 거리를 확보하고 있다.

4. 권력의 불꽃, 타오르다.

이 영화에서 원전에 대한 가장 창의적인 해석은 특히 결말부에 응축되어 있다. 뱅코우의 아들 플리언스가 도주했다는 것을 알게 된 이후 맥베스는 극심한 불안 장애를 보이기 시작한다. 그는 모든 대신들이 모인 자리에서 공포에 질려 발작을 일으키다 자신의 범죄를 폭로하는 데까지 이른다. 영주들과 군사들은 충심이 아니라 두려움 때문에 그의 명령을 따를 뿐이다. 궁지에 몰린 맥베스는 마녀들의 또 다른 예언을 갈구한다. 잠옷을 입고 침실을 배회하던 맥베스는 그 모습 그대로 광야를 헤매다가 그들과 조우한다. "버넘 숲이 던시네인 성으로 오지 않는 한" 그는 패하지 않으며, "여자의 몸에서 난 자는 맥베스를 해하지 못한다"는 예언을 듣고 그는 마음을 놓는다. 하지만 말 안장 위에도 여전한 잠옷 차림과 침대의 휘장과 동일한 빛깔의 짙은 안개로 인해 세 마녀가 외부적 대상인지, 침실에서 만들어 낸 망상에 불과한지 여부는 모호하다.

원작을 비롯해 다른 모든 〈맥베스〉에서 버넘 숲이 병사들의 위장술에 의해 움직인 데 반해 이 작품에서 버넘 숲은 화염이 되어 스스로 던시네인 성을 오른다. 다른 모든 감독들이 병정들의 몸에 나뭇가지를 묶어 은폐하도록 했던 것과 달리 커젤은 숲에 불을 질러 불씨와 뒤섞인 나무의 재가 성 안으로 날아들도록 했기 때문이다. 이 작품이 간파한 '권력'의 상징성을 가장 효과적으로 보여 주는 장면이다. 권력은 화염과 같다. 모든 것을 집어삼킬 만큼 강렬한 힘을 가지고 있다. 위협적이고 파괴적이다. 그리고 그 모든 과정의 뒤에 남는 것은 재뿐이다. 영화의 초반에 맥베스의 아이의 시신을 태우던 바로 그 화염은, 아이를 추모하는 예배당에서 촛불이 되어 타오르다가 다시 분노가 되어 맥더프의 처와 아이들을 태우고, 결국 던시네인 성으로 올라와 맥베스를 파멸로 이끈다.

맥베스는 두 번째 예언만 믿고 스스로 전장으로 뛰어든다. 그는 맥더프와 처절한 결투를 벌인 끝에 맥더프의 목에 칼끝을 밀어넣는 데 성공하지만 "나는 어머니의 배를 가르고 나왔다"는 맥더프의 말 한마디에 "사나이의 용기가 꺾였다"며 칼을 거둬 버린다. 마음에서 이미 패배한 결투는 결국 무릎을 꿇은 죽음으로 막을 내린다. 맥베스를 처단한 뒤, 덩컨의 아들이자 정당한 후계자 말콤이 왕위에 오른다. 그러나 "국왕 만세"를 외치는 맥더프와 병사들의 목소리에서는 사필귀정 당당함이나 승리의 환희보다 전투의 피곤함이 더 진하게 묻어난다. 그들은 말콤의 왕위 역시 맥베스의 그것처럼 덧없으리라는 것을 이미 알고 있는 것이다.

피로 물든 광야를 무심하게 걸어오는 플리언스의 등장은 잊혔던 최초의 예언을 다시 환기한다. 여기서 우리는 마녀들의 예언과 함께 코더의 영주에게 빼앗은 직위를 맥베스에게 하사하며 "그가 잃은 것을 맥베스가 얻으리라"던 왕의 선언도 떠올려야 한다. 권력의 화염이 욕망의 대상이자 불안의 원인이 되는 이유는 누구도 그것의 영원한 주인일 수 없기 때문이다. 플리언스의 풀 숏 뒤로 펼쳐진 핏빛 안개와 알 수 없는 미래를 향한 심장 고동 같은 사운드가 결합된 이 영화의 엔딩은 끊임없이 부활할 또 다른 '맥베스'들의 등장을 예고하며 전율을 일으킨다.

이 세상에 어떤 예술 작품도 홀로 선 것은 없다. 영화도 마찬가지다. 모든 작품에는 선행 예술 작품들이 쌓아 놓은 발자취들이 있고, 그것을 배태한 사회적 맥락이 존재한다. 〈맥베스〉는 분석을 위해 참고해야 할 대상이 비교적 명확하게 드러나는 작품이라고 할 수 있다. 이 글의 작성 과정을 순서대로 되짚어 가며 이 책에서 논의한 요소들이 비평문 작성에 어떻게 적용되었는지 확인해 보도록 하겠다.

첫째, 저스틴 커젤의 〈맥베스〉를 본다. 그리고 인상적인 부분을 기록한다. 이 부분에서 인상적인 지점과 기록은 작성자에 따라 달라질 수 있다. 셰익스피어의 원작 『맥베스』를 이미 숙지하고 있는 분석자와 그렇지 않은 분석자가 주목할 수 있는 지점과 수준은 달라질 수밖에 없기 때문이다. 이 때문에 분석자가 평소에 다양한 방면에서 인문학적 교양을 쌓아 두는 것이 중요하다. 분석자에게 가장 흥미로웠던 요소, 인물, 장면을 선정하고 대략적인 분석 방향을 설정한다.

둘째, 원작을 (다시) 읽어 본다. 원작을 이미 읽은 분석자라도 영화를 보고 난 뒤 다시 원작을 읽어야 감독이 원작을 어떻게 해석했는지 정확하게 알 수 있다. 특히 셰익스피어의 작품은 배경이나 배우의 액션을 알려주는 지문이 거의 없으므로 연출자에 따라 달라질 수 있는 해석의 폭이 매우 넓다. 감독이 이를 어떻게 채워 넣었는지 상기하면서 영화 분석 방향을 검토한다.

셋째, 『맥베스』를 원작으로 한 다른 감독들의 작품을 찾아보고, 공통점과 차이점을 비교해 본다. 이 글에서는 오손 웰즈(Orson Welles)의 〈맥베스〉(1948), 구로사와 아키라(黑澤明)

의 〈거미의 성〉(1957) 그리고 로만 폴란스키(Roman Polanski)의 〈맥베스〉(1971)를 비교하여 분석했다. 저스틴 커젤의 〈맥베스〉까지 모두 네 편의 작품은 사실 개별 작품만으로도 논문을 쓸 수 있을 정도의 깊이를 가진 작품들이다. 그러므로 모든 요소를 분석하는 것은 애초에 불가능하다. 이 글은 커젤의 〈맥베스〉와 다른 〈맥베스〉의 차별적인 요소로 세팅, 레이디 맥베스 그리고 버넘 숲 시퀀스에 초점을 맞추어 분석하였다. 이와 같이 초점을 맞출 요소는 첫 번째 과정에서 떠오르기도 하고, 두 번째나 세 번째 원작 혹은 다른 영화들과 비교하는 과정에서 확정되기도 한다.

넷째, 저스틴 커젤의 다른 작품을 찾아본다. 하지만 이 글은 저스틴 커젤의 작가론이 아니라 〈맥베스〉의 작품 분석이라는 점을 유의해야 한다. 다른 작품과 〈맥베스〉에서 공통적으로 드러나는 주제 의식이나 연출 방식에 주목하여 같이 언급하면 좋을 요소들을 정리해 둔다.

다섯째, 감독과 배우들의 인터뷰와 해당 영화에 관한 리뷰들을 찾아보고 자신의 관점을 뒷받침해 줄 만한 내용을 참고 자료로 수집해 둔다.

여섯째, 위에서 수집된 사전 정보와 분석자의 관점을 토대로 글을 작성한다. 우선 작품 분석에 키워드가 될 수 있는 단어들을 적어 본다. 단어들 가운데 핵심적인 단어들을 선정하여 완벽한 문장 구조를 가진 주제문을 작성한다. 이렇게 만든 주제문은 나중에 제목을 작성할 때 큰 도움이 된다. 또한 핵심어들을 묶어 소제목을 통해 내용을 선명하게 드러낼 수 있도록 한다.

일곱째, 작성된 글을 최대한 잘 묵혀 두었다가 다시 읽어 보고 퇴고한다. 충분히 시간적 여유를 두고 퇴고할 시간이 없다면 작성된 글을 소리 내어 읽어 보며 수정하는 것도 좋은 방법이다.

맺음말

영화평은 영화를 통한 자기 사유

누구나 한번은 스타를 꿈꿀 때가 있다. 필자도 배우가 되고 싶었던 때가 있었다. 하지만 '너무 많은 것을 보여 줘야 한다'는 두려움 때문에 그 꿈을 접었다. "이번 영화에서는 노출 수위가 어느 정도인가요?" 같은, 여성 배우들에게 지겹도록 달라붙는 질문이나 호기심과 관련된 것이었다. 하지만 노출 자체보다 그 질문을 던지는 사회가 더 두렵다고 생각될 때쯤 '보여 준다'는 것이 단순히 시각적인 노출을 넘어서는 문제임을 깨닫게 되었다.

연기뿐 아니라 모든 '표현'은 누군가에게 보이기 위한 것이다. 그리고 표현 안에는 표현자의 사상과 관점이 녹아 있다. 문학·회화·음악·무용·건축과 같은 다른 예술 장르들처럼, 모든 영화에는 창작자의 의도가 스며 있다. 이때 '의도'란 표면적으로는 작품의 의미지만 심층적으로는 창작자가 세계를 보는 시선을 말한다.

어떤 창작자는 예술을 폐쇄적인 구조로 만든다. 예술 내부의 장르적 규칙과 미적 완성도를 최고의 가치로 삼는 것이다. 반면 예술을 좀 더 개방적인 구조로 만드는 창작자들도 있다. 그들은 자신의 작품을 통해 사회와 소통하고 변화를 초래하는 데 더 큰 관심을 둔다. 전자의 작품들은 흔히 말하는 미학적 완성도에 집중하고, 후자의 작품들은 거칠더라도 사회적 의미를 창출하는 데 더 초점을 맞춘다. 어떤 작품이 더 아름다운 것일까? 어떤 작품이 더 의미 있는 것일까? 질문은 단지 이 두 기준에만 한정되지 않는다. 영화와 사회의 관계성 그 자체뿐 아니라 관계 맺는 방식과 방향을 두고 질문할 수도 있다. 우리가 살고 있는 삶처럼 다양한 요소들이 결합된 영화는 어떤 질문에 대해서든 열려 있다.

영화평은 영화를 통해 제기된 수많은 질문에 답을 구하는 행위라고 할 수 있다. 영화를 만들 때 화면 위에 보이는 것은 배우의 육체지만, 배우의 육체를 통해 구현된 서사가 도달하는 주제는 창작자의 정신을 투영하고 있다. 영화 비평은 그 모든 것들에 대한 가치 평가를 통해 분석자의 세계관을 드러내는 일이다. 추상적인 수준에서 예술의 지향성을 분석하는 것뿐 아니라 구체적으로 인물 구현이나 장면 재현의 윤리성을 따지는 문제까지 분석자의 가치관이 개입된다. 영화에서 '보이는' 것들에 관해 글을 쓸 때 분석자 스스로의 사유와 가치관이 글을 통해 세계에 '보이게' 된다.

지금 가장 논쟁적인 주제인 '여성' 재현의 문제를 생각해 보자. 영화 안에서 여성 인물이 주변적 위치에 놓이는 것에 대해 분석자에 따라 다른 가치 평가를 내릴 수 있다. 영화 안에서 여성 인물의 역할은 주요 캐릭터의 아내, 어머니, 딸 혹은 애인으로 제한되고, 사건은 진전시키는 축에서 벗어나 부수적인 역할에 머무르고 있다. 이런 영화적 재현을 어떻게 받아들일 것인가? 이와 같은 현상이 몇 편의 장르 영화에 국한되는 것이 아니라 한 시기 영화 제작 전반에 걸쳐 주도적인 양상이 된다고 할 때 분석자는 그것을 어떻게 해석해야 하는가?

동일한 현상을 두고 남성의 사회 참여가 주도적인 현실에 대한 불가피한 반영이라고 평가할 수도 있고, 현실은 물론 영화에서조차 여성을 소외시킨 결과라고 분석할 수도 있다. 해석은 분석자의 선택이자 신념이다. 사회를 보는 시각과 마찬가지로 영화를 보는 시각은 주체의 윤리적 신념과 연결되어 있다. 어떤 작품, 어떤 인물 혹은 어떤 장면에 비판 혹은 지지를 보낼지는 이미 결정된 사실이 아니라 분석자가 증명해 내야 하는 주장이기 때문이다.

이제 '너무 많은 것을 보여 줘야 한다'는 말은 배우의 육체나 창작자의 주제 의식에 국한된 문제가 아니라 분석자의 가치 평가에도 해당되는 명제임을 알 수 있을 것이다. 여기서 다시 책의 머리말에서 던졌던 질문을 생각해 보자. "어떤 책을 읽어야 영화평을 잘 쓸 수 있나요?" 이 책을 제대로 읽었다면 이제 이 질문이 애초에 답변하기 불가능한 질문이라는 것을 이해할 수 있을 것이다. 어떤 한 권의 책으로 우리가 이 세계에 대한 통찰을 한꺼번에 얻는 일은 불가능하기 때문이다. 하지만 이 '불가능'은 '가능'의 다른 말이기도 하다. 우리가 보고, 듣고, 읽는 모든 것은 그것을 가능하게 만들 수 있다. 더 중요한 것은 '무엇을' 보고, 듣고, 읽느냐가 아니라 그 모든 것들을 '어떻게' 받아들일 것이냐의 문제다. 이 책은 아쉽게도 '무엇'에 더 집중할 수밖에 없었다. '무엇'은 대상을 분석하는 기본이기 때문이다. 반면 '어떻게'는 사실 하나의 방법론이 아니라 분석자 스스로 자신의 삶 전체를 통해 빚어내야 하는 것이다.

결국 우리가 이 책 전체를 통해 고민한 '영화평, 어떻게 쓸 것인가?'의 문제는 이 세계를 어떻게 담아낸 영화를 지지할 것인가의 문제로 연결된다. 어떤 영화의 미적 가치를 지지하고, 윤리적 지향을 옹호할지를 결정하는 비평의 문제는 결국 분석 주체가 어떤 삶과 세계의 구조를 욕망하는가와 직결되어 있다.

나는 꿈꾼다. 이 책이 누군가에게 단순히 기계적으로 완성된 영화평을 쓰는 데 활용되는 데 그치지 않기를. 영화를 통해 자기 삶의 태도를 사유하게 되는 데 도움이 될 수 있기를.